MENSCHEN WIE HÄUSER,
HÄUSER WIE STÄDTE,
STÄDTE WIE DIE WELT

MENSCHEN WIE HÄUSER,
HÄUSER WIE STÄDTE,
STÄDTE WIE DIE WELT

Carl Fingerhuth

Birkhäuser Basel

INHALT

VORWORT

Ich liebe die Zeichnung von Saul Steinberg aus dem *New Yorker*. Sie illustriert in einer wunderbaren Art und Weise die große Herausforderung unserer Zeit:

Wir sind oben angekommen und wissen nicht weiter: Zwar haben wir den engen Horizont des Höhlenbewohners hinter uns gelassen und eine neue Übersicht gewonnen, aber es scheint uns an Weitsicht zu fehlen. Der Blick geht zurück auf die Erde. Dort gibt es wenig Platz für die vielen Leute, die nach oben unterwegs sind. Ist die wackelige Leiter nach unten, zurück zur Erde, der einzige Rettungsweg aus der Einsamkeit in schwindelerregender Höhe? Wahrscheinlich müsste die Dame mit dem schönen Hut beim Abstieg ihre Handtasche zurücklassen. Oder könnten wir die Konstruktion verlängern, um weiter oben eine größere Plattform zu bauen? Stehen uns dafür die nötigen Ressourcen zur Verfügung und ergibt das überhaupt Sinn? Auch die Erde unter der Treppe gleicht nicht mehr dem Paradies. Nur ein paar verstreute Bäume sind in einer zerfurchten Landschaft übriggeblieben. Irgendwann – vor Tausenden von Jahren – haben wir das Paradies verlassen. Dabei ging die Einheit von Mensch und Natur verloren. Wir waren nicht mehr im Kosmos aufgehoben. Wir hatten für uns zu sorgen und bauten; Hütten, Häuser, Dörfer, Städte, Metropolen. Heute stehen wir hoch über der Erde, am Ende einer betonierten Treppe, mit Weitsicht und suchen verzweifelt nach Einsicht.

Haben wir uns verbaut und verstiegen? Die Zeichnung von Saul Steinberg ist eine bezaubernde, aber auch beklemmende Darstellung der Herausforderungen unserer Zeit. Die Moderne der westlichen Welt hat an diese Treppe geglaubt und ihre Träume und Hoffnungen an diesen Aufstieg geknüpft. Der moderne Mensch war in einem bedenkenlosen Vertrauen in die Materie, in das Konstruierte, in den Tempel der Wissenschaften verankert. Er machte sich die Natur zum Untertan und baute auf ihr seine Treppe, seine Stadt, nicht als Gast, sondern als Usurpator, der widerrechtlich die Macht an sich reißt.

Die Plattform am Treppenende ist ein symbolisches Bild für unsere Städte. Sie sind banal geworden, haben die Natur ausgegrenzt und addieren Häuser und Straßen, ohne dass dabei Identität entsteht. Es gibt viele gute Ratschläge gegen diese Banalität und auch viele Schuldzuweisungen. Ich will keine Belehrungen formulieren und Rezepte entwerfen. Es gilt vorerst, von unserer Sehnsucht in der neuen Zeit zu reden und nach ihren Wurzeln zu fanden. Deshalb hier das berühmte Zitat von Antoine de Saint-Exupéry: „Wenn du ein Schiff bauen willst, dann trommle nicht Männer zusammen, um Holz zu beschaffen, Aufgaben zu vergeben und die Arbeit einzuteilen, sondern lehre sie die Sehnsucht nach dem weiten, endlosen Meer."

Ich will davon schreiben, was Sehnsucht ist, wie ich sie erlebe, woher sie kommt und wie wir sie in unser Leben integrieren könnten. Ich meine, unsere Zeit sehnt sich nach Größerem, Weiterem, Reicherem. Nachdem wir uns in der Moderne auf unsere Rationalität reduziert haben, beginnen wir, uns jetzt nach dem zu sehnen, was in den letzten zwei Jahrtausenden verdrängt und ausgegrenzt worden ist. Was uns die große Exploration der Rationalität gelehrt hat, gilt es, nicht zu vergessen. Jetzt geht es darum, unserer Sinnlichkeit, Emotionalität und Spiritualität wieder ihren gebührenden Platz – in unserer Seele, unseren Häusern, unseren Städten und in der Wahrnehmung der Erde – zu geben.

Dieses Buch über Städte ist auch eine Biografie, ein Bericht vom Lauf meines Lebens und vom Lauf der Stadt. In meiner äußeren Welt – meinem „Beruf" – habe ich mich mit der Betreuung der Transformation der Stadt beschäftigt – als Archäologe, Architekt, Urbanist, Stadtarchitekt und Lehrer. Es ist aber auch ein Bericht meiner inneren Welt: Wie das zu mir gekommen ist, das mich jetzt prägt.

Was der Körper für den Menschen ist, ist für die menschliche Gesellschaft die Stadt. Wenn der Körper krank ist, wird der Mensch krank. Wenn die Stadt krank ist, wird die Gesellschaft krank. Es muss gelingen, dass die Menschen unserer Zeit sich mit ihrer Stadt identifizieren; wenn sie dort nicht das finden, was sie brauchen, suchen und nach dem sie sich sehnen, wird es unmöglich, die gewaltigen gesellschaftlichen Herausforderungen unserer Zeit zu bewältigen.

Für die Zeit der Moderne war die Stadt eine Maschine. Sie ist aber mehr als das. Sie ist Haus und Heimat unseres Seins. Weil sich unser Lebensgefühl gegenwärtig radikal verändert, hat das „kollektive Haus Stadt" viel Neues zu integrieren. Damit dies gelingt, müssen wir lernen, die Stadt in ihrer Komplexität zu verstehen. So wie die Menschen heute wieder beginnen, von ihrer Seele zu reden, müssen wir uns auch der Stadt zuwenden. So wie wir nach dem Inneren, dem Verborgenen des Menschen fragen, müssen wir auch bei der Stadt fragen: Was sind und wie wirken die neuen inneren und äußeren Energien in der Stadt?

Nicht nur Funktionalität und Ökonomie dürfen zu ihrem Recht kommen – das wäre, als ob man sich beim Menschen nur für seine Physis interessieren würde. Im Menschen ist eine Sehnsucht angelegt, in sich selbst und in der Stadt mehr zu finden, als ihm die Rationalität der Moderne zugesteht.

So handelt dieses Buch von der Stadt und berichtet von meinem Leben. Beide Handlungen sind miteinander verzahnt. Mein Lauf des Lebens reflektiert, was sich in der Stadt unserer Zeit abgespielt hat, und in der Stadt finde ich immer wieder Themen, die mein Leben bestimmt haben. So sind Menschen wie Häuser und Häuser wie Städte und Städte wie die Welt.

Davon will ich berichten.

Haus der Tante Agnes, Bürkliplatz

KAPITEL 1: 1936–1950
ERKUNDUNG

1936–1943
Meine erste Reise – mein Haus

Der Psychiater C. G. Jung erzählt in seiner Biografie *Erinnerungen, Träume, Gedanken* von einem seiner Träume, in dem das Haus zum archetypischen Symbol für die Struktur der menschlichen Seele wird: „Wir haben ein Gebäude zu beschreiben und zu erklären, dessen obere Stockwerke im 19. und 20. Jahrhundert errichtet worden sind, das Erdgeschoss stammt aus dem 16. Jahrhundert, und die nähere Untersuchung des Mauerwerkes ergibt die Tatsache, dass es aus einem Wohnturm des 11. Jahrhunderts umgenutzt worden ist. Im Keller entdecken wir römische Grundmauern, und unter dem Keller befindet sich eine verschüttete Höhle, auf deren Grund Steinwerkzeuge in der höheren Schicht und Reste der gleichzeitigen Fauna in der tieferen Schicht aufgedeckt werden. [...] Es war mir deutlich, dass das Haus eine Art Bild der Psyche darstellt, d. h. meiner damaligen Bewusstseinslage mit bis dahin unbewussten Ergänzungen."

Der Text ist eine wunderbare Paraphrase der ersten sieben Jahre meines Lebens. Geprägt waren sie von der Erkundung der Schichten meines Geburtshauses: Es wurde zum „Bild meiner Psyche und bis dahin unbewussten Ergänzungen", ein altes, gewaltiges Haus voller Geheimnisse und Überraschungen. Ich bin einsam aufgewachsen. Meine Eltern waren mit sich selbst beschäftigt, meine Brüder lebten in anderen Welten. Meine Erkundungen sind eine sehr persönliche Inbesitznahme meiner ersten Welt, mit immer wieder neuen Ergänzungen und Erweiterungen.

S. 147

Die Grundstruktur des Hauses stammt aus dem 18. Jahrhundert. Die Größe des Hauses – 15 mal 15 Meter, ein 6 Meter hohes Kellergeschoss, zwei Wohngeschosse, ein dreigeschossiger Dachraum – und die Lage an dem der Stadt zugewandten Rand der großen Rebgebiete am rechten Seeufer lassen vermuten, dass es früher ein Haus des Fraumünsterklosters war, wo die Pächter des angrenzendes Landes ihren Zehnten abgeben mussten.

Jedes Geschoss hat seine spezielle Prägung: Der zweigeschossige Keller als Lager für die Landwirtschaft blieb 200 Jahre lang unverändert. Im Erdgeschoss hatte mein Großvater 1910 seine Arztpraxis eingerichtet. 1930 wurde es zum Bestandteil der Wohnung meiner Eltern. Das erste Obergeschoss erhielt 1910 einen Erker. Im Inneren waren an den Wänden immer noch die Seidentapeten meiner Großeltern sichtbar. Das zweite Obergeschoss blieb seit dem Bau im 17. Jahrhundert unverändert, ein Auge Gottes überwachte an der Ecke des Wohnzimmers die Moral der Familie. Darüber gab es auf drei Etagen zeitlose Mansarden und Dachgeschosse.

S. 147

Es war ein Haus, gleich einer Stadt, mit Schichten und Prägungen aus den verschiedensten Zeiten.

Meine früheste Erinnerung ist, in meinem Gitterbett zu stehen und zu realisieren, dass es jenseits des Gitters noch eine größere Welt geben muss. Mein Kinderzimmer wurde zum ersten Erlebnisraum, mit einem Bild von Dürer über meinem Bett. Von dort begann die schrittweise Exploration meines „Hauses". Zuerst die Treppe hinunter zur Küche im Erdgeschoss, die mit einem handgetriebenen Aufzug mit dem Esszimmer im ersten Obergeschoss verbunden war. Dann der riesige zweigeschossige Keller mit den Hurden für die Winteräpfel und dem an einem Nagel aufgehängten, von meinem Vater erschossenen Fasan. Irgendwann entdeckte ich noch eine tiefere Ebene: Über die aufklappbare Bodenplatte gelangte man in einen feuchten Luftschutzkeller, in dem unfreundliche Pilze wuchsen.

Es begann die Exploration nach oben, vorbei an der verschlossenen Wohnung einer alten Dame, die nie mit mir redete; nach oben ins erste Dachgeschoss zu den geheimnisvollen ungeheizten Mansarden der Hausangestellten und der Waschküche mit einer wassergetriebenen Wäscheschwinge; die, wenn man sie in Betrieb setzte, das ganze Haus erzittern ließ. Dort entdeckte ich die Tür zur Treppe, die zum zweiten und dritten Dachgeschoss führte. Nochmals stieß ich auf eine neue Welt voll von unentdeckten Schätzen. In ihr stapelte sich ein Dutzend Kisten, die 1932 dort abgestellt und seither niemals geöffnet worden waren. Ich fand furchtbare Kinderbücher meines Vaters, die von den Heldentaten der deutschen Armee im Krieg mit Frankreich 1879–81 berichteten, den unheimlichen Struwwelpeter und die

mörderischen Geschichten von Wilhelm Busch. In der gleichen Kiste lagen
auch die Uniform und der monströse Säbel meines Großvaters. Als ich kürzlich in der Karthause Ittingen einem Bild von Kaiser Wilhelm II. und General Wille begegnete, tauchten diese mich tief erschreckenden Relikte wieder
in meiner Erinnerung auf. In einer der letzten Kisten lag ein Clownskostüm,
das anscheinend noch nie benutzt worden war. Viele Jahre später bin ich als
neugieriger Jüngling in diesem Gewand heimlich zum Künstlermaskenball
geschlichen. Ich erfuhr, dass es sich um einen Kostümentwurf des berühmten Schweizer Künstlers Alois Carigiet handelte.

**Was für C. G. Jung ein Traum war, erlebte ich in der realen Welt meines
Geburtshauses. Es war eine schrittweise Erweiterung meines Raumes zu
einem vielschichtigen Palimpsest, vergleichbar mit der Erweiterung
meines Bewusstseins in meinen ersten Lebensjahren.**

1943–1950
Meine zweite Reise – meine Stadt

Mit dem Eintritt in die Primarschule begann die Entdeckung der „Stadt".
Mit Walti, dem Sohn des Schuhmachers Stüber, kletterten wir mit Herz-
klopfen über die Gartenzäune der alten, mysteriösen Villen im Seefeld, die
sich in großen Parkanlagen versteckten. Es waren geheimnisvolle Territorien, bewacht von schrulligen alten Gärtnern. Ich fühlte mich wie der
Hase Peter Rabbit, der in einem meiner Kinderbücher unter dem Zaun
durchschlüpft, um eine Karotte zu stehlen, und dabei vom Gärtner Mr.
Mac Gregor erwischt wird. Auf der Feldeggstrasse versuchte ich, Drachen
fliegen zu lassen, im Hornbach jagten wir Kaulquappen und im Zürichsee
fingen wir Fische.

S. 147

Der Kreuzplatz sah immer noch gleich aus wie auf der Fotografie von 1905.
Es gab zwei Metzgereien, einen Käseladen, eine Kohlenhandlung und einen
Kaiser's Kaffeeladen, in dem der Kaffeeersatz verkauft wurde, den mein
Pate Heinrich Franck aus Zichorien herstellte. Heute sind Metzgerei, Käse-
laden, Kohlen- und Kaffeeladen verschwunden.

Ich begann aber auch, Facetten der modernen Stadt zu erfahren. Das wun-
derbarste Spielzeug meiner Kindheit war die elektrische Modelleisenbahn,
welche die alte, in den Kisten im Estrich gefundene Eisenbahn mit dem

mechanischen Aufzug ersetzte. Im Schuhladen gab es Röntgengeräte, mit denen man in einem magischen grünen Licht die richtige Schuhgröße bestimmen konnte, und es wurde von einem Krieg berichtet, in dem die Städte mit fliegenden Festungen verwüstet wurden.

Neue Abenteuer folgten, und ich bekam erste Ahnungen von einer Stadt, die noch größer war als das Seefeldquartier: Walti Stüber nahm mich mit auf die Velorennbahn in Oerlikon, wo Jacques Besson wieder Schweizer Meister im Steherrennen wurde. Mit Waltis Vater gingen wir zu Schaukämpfen im Freistilringen im Corso Theater am Bellevue, und meine Mutter nahm mich mit ins Hotel Baur au Lac, wo sie die verstaubte Bibliothek des American Women's Club betreute.

Für die vierte Primarklasse ließ mich mein Vater oben am Zürichberg in ein nobleres Quartier versetzen, damit ich in einem anspruchsvolleren Milieu „ausgebildet" werden sollte. Ich begann auf dem Heimweg, die Stadt zu vermessen: Ich entdeckte, dass ich, wenn ich beim Verlassen des Schulhauses bei jeder Kreuzung einmal rechts und bei der nächsten links abbog, nach vierzehn Kreuzungen genau vor meinem Haus ankam.

Ich begann, die Rhythmen der Stadt zu integrieren. Mit zwölf Jahren wechselte ich in ein Gymnasium in der Innenstadt. Jeweils am Dienstag- und Freitagmorgen war von sieben bis acht Uhr Lateinunterricht. Nach kurzer Zeit hatte ich den Anschluss verloren, und der Lateinunterricht wurde zum Albtraum. Am Dienstag- und Freitagmorgen war wie heute noch auf dem Bürkliplatz Wochenmarkt, dort, wo ich auf dem Weg zum Lateinunterricht vorbeiradeln musste. Der Markt ist für mich immer noch mit dem Schrecken des Lateinunterrichts verknüpft. Wenn ich an ihm vorbeikomme, steigen die Schatten der alten Albträume auf.

Die Stadt hatte begonnen, mir Himmel und Hölle zu zeigen. Die wunderbaren einsamen Erkundungen meines Dachbodens hatten ihren Reiz verloren. Nachts ergriff mich die Angst, dass das Haus in Brand geraten oder Gas ausströmen könnte. Heimlich stellte ich jeweils abends den Haupthahn um. Ich fühlte mich in meinem „Haus" nicht mehr aufgehoben. Vielleicht überforderte mich die neue große Stadt. Trotzdem begann ich, sie zu erforschen. Immer wieder bat ich meine Mutter um zwei Franken, damit ich mir eine Tageskarte der Straßenbahn kaufen konnte. Ich ließ mich an die Endstation aller Linien fahren, zum alten Fußballstadion des Grasshopper-Clubs, zum

Zoologischen Garten am Waldrand des Zürichbergs und zum Albisgütli, wo jeden Herbst das „Knabenschiessen" stattfindet.

Das war meine Erkundung fremder Territorien, wie sie in der Vergangenheit auch Marco Polo in China, Christoph Kolumbus in Amerika oder Neil Armstrong auf dem Weg zum Mond erlebt haben. Es blieben aber immer fremde Territorien, und ich begann, mich auch in meinem Haus fremd zu fühlen. Heimatlos wie ich war, brachte man mich in einer neuen kleinen „Stadt" unter, einer Stadt ganz nur für mich selbst, der Zelle eines Klosters oder eines Gefängnisses gleich. Ich war an Scharlach erkrankt und musste mehrere Wochen in einem Zimmer der Isolierstation des Kinderspitals ausharren. Beim Verlassen des Spitals, gerade 14 Jahre alt geworden, beschloss ich, kein Kind mehr zu sein.

Ich habe die Geschichte meiner Kindheit erzählt, weil sie das Thema meiner ersten Analogie von Mensch, Stadt und Kosmos reflektiert. Alle drei sind mit Evolution konfrontiert, einer Energie der Erweiterung und damit der Transformation. Alle drei können diese Kraft akzeptieren, sich beflügeln lassen oder sie können Widerstand leisten, blockieren und vom Vergangenen träumen und einschlafen.

KAPITEL 2: 1950–1964
AUSBILDUNG

1954
Meine dritte Reise – nach Italien

Ich schreibe dieses Kapitel in einem Haus auf der Insel Ischia, gegenüber von Neapel, mit Blick auf das Meer, das Rauschen der Wellen im Ohr. Es war das Haus meines Taufpaten Heinrich Franck, der es in eine Familienstiftung eingebracht hat. In meiner Erinnerung erscheint eine über 60 Jahre alte Geschichte, wie ein vergessener, aber wieder auftauchender Traum; eine Geschichte, die ich damals nicht bewusst erlebt habe, die ich jetzt aber abrufen kann und als eine Vorwegnahme dieses Buches deute.

Es war die Reise eines modernen Jünglings: Ich war 17 Jahre alt, schüchtern, introvertiert und unerfahren, auf der Reise mit meiner Schulklasse, ein halbes Jahr vor dem Abschluss der Mittelschule, wenige Monate vor der „Maturität". Unser etwas verschrobener Lateinlehrer hatte für uns eine Reise nach Neapel organisiert.

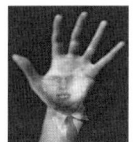

S. 148

Heute bin ich erstaunt, wie unreif ich nach den langen Schuljahren noch war. Ich hatte keine Ahnung von der emotionalen, nicht-physischen, der magischen, mythischen oder spirituellen Welt. Der Besuch des Konfirmationsunterrichts gehörte zu den langweiligsten Stunden meines Lebens. Von „Maturität" oder „Reife" keine Spur. Ich war stolz darauf, Algebra zu verstehen, konnte ein paar französische Verben deklinieren und wusste, wann Cäsar den Rubikon überschritten hatte. Aber ich konnte weder singen noch tanzen oder gar träumen. Ich war der Prototyp des altklugen Kindes der Moderne und ihrer Stadt.

Aber vielleicht sind die Eindrücke dieser Reise trotzdem wertvoll. Sie gaben Hinweise darauf, dass die moderne Welt und ihre Stadt nur eine schmale Spur des großen Ganzen sind. Vielleicht konnten sie gerade deshalb so intensiv in meinem Unterbewusstsein gespeichert werden, weil es dort so viel leeren Raum gab. Es war für mich ein „Neustart" in die Welt und gleichzeitig in die Stadt jenseits der Moderne.

Die erste Erinnerung an diese Reise gilt dem Zugang zu unserer Unterkunft. Der Weg zur Jugendherberge war die Spindel einer Parkgarage. Die Stadt Neapel zeigte sich als Maschine, die mich in immer sich wiederholenden Kreisen, wie in einem mythischen Labyrinth, in einer sich nach oben schraubenden Bewegung zu meiner Unterkunft brachte. Das ist alles, was mir von der Stadt Neapel in Erinnerung geblieben ist: eine seelenlose Maschine. Die Vitalität, das Chaos und die Komplexität der Identität von Neapel haben mich nicht erreicht.

Die nächste Erinnerung ist wieder eine Maschine: die Gondelbahn, die uns auf den Vesuv brachte, aus der Stadt in das Chaos der Natur, auf den Feuer, Lava und Asche speienden Vulkan. Auch diese gewaltige Urenergie des Ortes hat mich nicht erreicht. Für den unbewussten Jüngling war das große Erlebnis der Weg nach unten: Mit großen Sprüngen kam ich am Aschenberg nahe an das Gefühl heran, fliegen zu können.

Danach erinnere ich mich an Pompeji, die von der Asche des Vesuvs ermordete Stadt. Präsent war aber nur das intellektuelle Interesse an der römischen Geschichte: die Kochstellen in den Häusern und die Fahrrinnen in den Straßen. Von der Präsenz dieser epischen Inszenierung der Fragilität menschlichen und städtischen Lebens spürte ich nichts. Noch war es kein Thema.

Damals machte die Stadt Pompeji nochmals einen Versuch mit mir. Kommentarlos wurde ich in die Villa dei Misteri geleitet, zu einer der intensivsten Darstellungen mythischer Kultur in der Geschichte der Menschheit, aus einer Zeit der noch ungebrochenen Polarität von männlicher und weiblicher Energie, von Apollon und Dionysos. Niemand führte mich in diese Welt ein, die von der Moderne zerstört worden war.

Es folgte noch ein Besuch in Rom. Ich verabschiedete mich von meiner Schulklasse und besuchte die Stadt, die von sich behauptet hat, die Mitte der Welt und die ewige Stadt zu sein. Bei einer Freundin meiner Mutter, die mit einem italienischen General verheiratet war, durfte ich übernachten. Bei einer Begegnung auf der Piazza Navona wurde mir mein Geld gestohlen, als ich auf eine Bitte hin behilflich sein wollte. Zum Trost lud mich der General zum Nachtessen in sein Offizierskasino ein, in einer der gloriosen Villen auf den römischen Hügeln, in einen für Generäle reservierten Saal. Von meiner Mutter wusste ich, dass er der Adjutant von General Badoglio gewesen war, der 1935 den Befehl erhielt, Äthiopien zu erobern. Davon hat er mir nichts erzählt. Er empfahl mir als künftigem Architekturstudenten, die von Mussolini gebaute neue Stadt Sabaudia zu besichtigen. Sabaudia ist eine von Mussolini 1934 in den pontischen Sümpfen, 90 Kilometer südlich von Rom, gebaute „Idealstadt". Lange war sie in Italien ein Vorzeigeprojekt der Bauhausarchitektur. Heute höre ich, dass die verantwortlichen Politiker sich streiten, ob für die Renovation von faschistischem Kulturgut Geld ausgegeben werden soll. Von Sabaudia ist mir nur die einheitliche ocker-rote Farbigkeit in Erinnerung geblieben.

Meine zweite Reise nach Neapel und Ischia unternahm ich als alter Mann. Am Abend des 20. August 2017 war ich zum Nachtessen im Restaurant San Giovanni am Strand in Forio. Um 21 Uhr wurden wir von einem Erdbeben durchgeschüttelt, das Licht ging aus, Weinflaschen zerschellten am Boden: Da bin ich, die Urkraft der Natur!

Es wurde mir hier bewusst, dass ich meine „Herberge" in Neapel nur über die Maschine Stadt erreichen konnte. In der modernen Stadt war das selbstverständlich. Auf dem kahlen Berg hätte ich die Urkraft der Natur, die Feuer und Asche auf die Stadt spucken kann, erleben können. Es war damals zu früh. Jetzt habe ich eine Ahnung davon, dass es sie gibt – als Gegenpol zur Maschine Stadt.

Später habe ich oft von den weiten Sprüngen geträumt, die ich auf dem Weg hinunter vom Berg gemacht hatte, als Anlauf zum Fliegen. Der Traum sagte mir, du musst nur im richtigen Moment die Beine anziehen, dann fliegst du.

Unter der Asche des Vesuv zeigt sich in Pompeji eine alte Stadt. Damals sah ich nur ein Trümmerfeld, eine Art von „Friedhof", eine Ansammlung von Steinen. Jetzt lese ich sie wie einen immer wieder überschriebenen Text. In meinem Bewusstsein war er nicht aktiviert, aber immer da. Nun kann ich die verlorenen Schichten wiederfinden. Beim Ausgraben der Stadt entdecke ich ihre „Mysterien", nicht nur Ziegel und Steine, sondern für unsere Zeit essenziell wichtige Botschaften: von der Polarität allen Seins, von der

Einheit von Vernunft und Intuition, von der männlichen Suche nach Vollkommenheit und der weiblichen Suche nach Vollständigkeit, von der verlorenen mystischen Spiritualität.

Vor einigen Jahren übernachtete ich in Capri, im Haus Monika Manns, der Tochter Thomas Manns. Gegenüber liegen im Meer die berühmten Faraglione, Felstürme, die seit Jahrtausenden von der Insel Capri isoliert sind. Im 19. Jahrhundert fanden Biologen blaue Eidechsen, die es angeblich nur dort gibt. So ist es jetzt auch bei den Städten. Es gibt keine „blauen" Städte mehr. In der Zeit jenseits der Moderne ist alles mit allem verbunden. Die Verantwortung für die Welt ist global geworden.

In der ewigen Stadt gibt es heilige Felder, aber auch Räuber und Diebe. Der General lud mich damals zum Essen ein, erzählte aber nicht vom Giftgas, das sie bei ihrem Feldzug in Afrika eingesetzt hatten. Davon erfuhr ich erst viel später. Vor 60 Jahren konnte man das noch vertuschen. Die Stadt jenseits der Moderne ist eine öffentliche Stadt geworden.

Alles, was ich vor 60 Jahren auf meiner Reise wahrnahm, war noch unschuldig. Heute hat für mich die Gestalt der Stadt ihre Unschuld verloren. Sie ist bedeutungsvoll geworden: Die Stadt jenseits der Moderne ist ein polares Energiefeld, ein immer wieder überschriebener Text, ein Holon in Zeit und Raum, Traum und Realität, eine sinnliche, emotionale und spirituelle Erfahrung. Und sie braucht Zuwendung, damit sie nicht autistisch, fremd und unwirtlich wird.

1950–1964
An der Schnittstelle zwischen der Moderne und der Zeit „jenseits der Moderne"

Die Zeit der Moderne verblasst. Ihre Bilder haben an Kraft verloren. Wir suchen nach Bildern und Symbolen für die Zeit jenseits der Moderne. Meine Biografie ist von der Herausforderung geprägt, mit dieser Transformation umzugehen. Davon will ich berichten, von „Blitzlichtern" im Gewitter unserer Zeit.

Das Thema meines Lebens in der äußeren Welt ist die Stadt. Ich lernte in einer Badeanstalt und nicht im offenen Wasser schwimmen. Ich versuchte meinen Drachen auf der Feldeggstrasse fliegen zu lassen und nicht auf einem weiten Feld. Ich sammelte Umschläge von Zündhölzern und nicht Schmetterlinge.

Die Schule gewährte mir Zugang zur Vergangenheit. Ich lernte sieben Jahre lang Latein und kann noch heute Teile der Aeneis von Vergil auswendig rezitieren: „Parce metu Cytherea, manent immota tuorum fata tibi!" In der Geschichte kamen wir nie über die Französische Revolution hinaus, im Deutschunterricht kann ich mich an keine Begegnung mit einem Buch aus dem 20. Jahrhundert erinnern. Von der Gegenwart hatte ich keine Ahnung. Ich träumte davon, der Assistent von Fellini zu werden oder zumindest ein Fotograf auf der Suche nach den Bildern unserer Welt. Das schien mir aber alles schwierig zu sein. Ich entschied mich für ein Architekturstudium, das mir möglichst bald finanzielle Selbstständigkeit versprach.

Die gymnasiale Verhaftung in der Vergangenheit setzte sich in meinem Architekturstudium an der ETH in Zürich fort. Für die drei ersten Semester war mein Professor für Architektur Friedrich Hess, ein Schüler von Paul Bonatz, beide erklärte Gegner des „Neuen Bauens". So prägte sich mir ein, wie groß ein traditioneller Backstein ist; was der Unterschied zwischen einem Kehlbalkendach und einem Pfettendach ausmacht und dass man an einer Fassade kleine und große Fenster vorsehen darf, dabei aber die Proportion der Fenster – das Verhältnis von Höhe zu Breite – nicht verändern soll. Ihre architektonischen Bilder stammten aus der spätromantischen Phase der süddeutschen Architektur der 1930er-Jahre. Wenn einer von uns es wagte, ein Flachdach zu zeichnen, fragte Friedrich Hess: „Wohnt hier jemand?" Oder wenn er sogar ein Haus mit zwei Flachdächern zeichnete: „Das sieht ja aus wie ein Eisenbahnzusammenstoß!"

In der Kunstgeschichte lernte ich den Unterschied zwischen dorischen, ionischen und korinthischen Säulen und kannte die Antwort auf die Prüfungsfrage: „An welchem Tempel in Griechenland sind alle drei Ordnungen verwendet worden?" – am Appollontempel bei Bassae auf der Peloponnes.

Bei unseren Projekten ging es nur um Häuser. Die Stadt war ausgeblendet. Und wenn sie sich zeigte, war sie Teil der Maschinenwelt der Moderne. Die alte Stadt mit ihrer Geschichte und ihren heiligen Orten war vergessen. Die

Stadt musste neu gebaut werden. Es galt, was Le Corbusier von seinen Häusern predigte: Sie waren „Machines à habiter", und wenn er sich an die Stadt heranwagte, wurde sie abgebrochen und durch eine Stadt-Maschine ersetzt.

Im vierten Semester bei William Dunkel erfolgte der Donnerschlag der Moderne. Ich war restlos überfordert und wurde nach Hause geschickt. Ich hatte nicht gelernt „modern" zu reden und zu zeichnen. Ich ergriff die Flucht in die Praxis und begann eine „Berufslehre der Moderne". Im Bureaux de Construction des Tours de Carouge in Genf arbeitete ich an einem von Paul Waltenspühl konzipierten Konzept der radikalen Moderne. Sechs als „Machine à habiter" konzipierte Hochhäuser sollten neben der Altstadt von Carouge gebaut werden. Meine ersten schüchternen Entwürfe in diesem Kontext wurden von Waltenspühl als „architecture zurichoise" disqualifiziert. Ich musste eine neue Sprache lernen.

S. 148

1960, ausgebildet in dieser Sprache, war ich bereit, eine moderne Diplomarbeit an der Eidgenössischen Technischen Hochschule in Zürich vorzulegen. Die Aufgabenstellung war der Entwurf eines Technischen Museums, ohne spezifischen Standort in einer Stadt, als Prototyp für eine weltweite Verwendung. Gefordert war die Flexibilität aller Abteilungen des Museums. Sollte es eine „Hütte" sein, eine Halle mit flexibler Nutzung ohne individuelle Prägung, oder hatte die „Idee" des technischen Museums symbolhaft sichtbar zu werden?

Ich entschied mich gegen die „Hütte" und für das „Symbol". Die Grundstruktur musste zugunsten der geforderten Flexibilität möglichst neutral sein, im Bildhaften aber die „Identität" eines Technischen Museums sichtbar werden lassen. Das Haus zeigte sich radikal als Maschine. In eine Struktur von Stahlstützen konnten mit einem Kranwagen zwölf mal zwölf Meter große Container eingesetzt oder wieder entfernt werden. Das Gebäude erlaubte ständige Transformation und war in seiner Erscheinung einmalig. Vielleicht war das Projekt aber auch eine Satire. Ein paar Jahre später wurde von Piano und Rogers in Paris im gleichen Konzept, aber weniger radikal, das Centre Pompidou gebaut.

S. 148

Ich war 24 Jahre alt, geschmückt mit einem Diplom und frei, die Welt zu erkunden.

23

1960
Meine vierte Reise – nach Ägypten

Die Erkundung begann mit einer Reise nach Ägypten und von dort in die nubische Wüste. Am Ende der letzten Vorlesung meines Studiums wurde ich dazu eingeladen. Peter Meyer, Professor für Kunstgeschichte an der ETH Zürich, suchte unter den Diplomanden einen Archäologen für das Schweizerische Institut für Ägyptische Bauforschung und Altertumskunde in Kairo. Ich wusste sofort, dass diese Stelle für mich bestimmt war. Zwei Wochen später unterschrieb ich meinen Arbeitsvertrag.

S. 149

Die erste große Reise in die Zeit vor der Moderne begann. Zuerst einmal war es eine faszinierende Aufgabe, die Schichten der Stadt zu erkunden. Das Ehepaar Borchardt hatte das Institut gegründet. Ludwig Borchardt war Architekt und Archäologe, wie Heinrich Schliemann, der Entdecker Trojas. Die Ägyptologie war seit ihren Anfängen sehr stark von der Entzifferung der Hieroglyphen und von kunstgeschichtlichen Themen geprägt. Die baugeschichtlichen Themen wurden vernachlässigt. Deshalb legte Borchardt in den Regularien seiner Stiftung fest, dass das Institut nur Architekten als Mitarbeiter aufnehmen durfte. Ich war zwar Architekt, aber kein Gestalter der Stadt, sondern vorerst einmal nur Beobachter, Sucher und Interpret wiedergefundener Schichten der Stadt.

In den ersten paar Monaten versuchte ich, Arabisch zu lernen und Hieroglyphen zu entziffern. Freunde nahmen mich an „ver-rückte" Orte mit: in die Oase Siwa, eine Depression in der libyschen Wüste, in der Alexander der Große das Orakel befragt hat; zum Katharinenkloster im Sinai, wo ich auf dem Mosesberg vielleicht Moses begegnet bin; auf das Schlachtfeld von El-Alamein und an noch einsame Strände am Roten Meer. Ich durfte damals noch in die Grabkammer der Cheops-Pyramide hinaufsteigen und am Nilufer unter Palmen Tauben essen.

Dann begann die große Expedition zu den verlorenen Schichten in Nubien: In Assuan war ein 111 Meter hoher Damm geplant. In zwei Jahren sollte der Stau beginnen, um anschließend das ganze Niltal südlich von Assuan 500 Kilometer weit zu überschwemmen, unter anderem auch den gewaltigen von Ramses II. erbauten Tempel von Abu Simbel. Mein Institut war an der Kampagne der UNESCO zur Rettung der nubischen Baudenkmäler beteiligt. Wir sollten im Bereich von Kalabscha den Nil auf einer Strecke von 100 Kilometern nach unbekannten Denkmälern absuchen und bekannte Objekte inventarisieren. Wir, das waren das Schweizer Institut und das Oriental Institute der Universität von Chicago. Die Amerikaner sollten die kunstgeschichtlichen, wir die baugeschichtlichen Aspekte bearbeiten. Ein 100 Jahre alter Raddampfer, mit dem das Reiseunternehmen Thomas Cook vor dem Ersten Weltkrieg exklusive Nilfahrten angeboten hatte, wurde zu unserem „Haus": Transporter, Atelier, Hotel, Restaurant und Unterkunft für die Mannschaft, mit Kapitän, Steuermännern, Heizern, Matrosen, Köchen, Kellnern und 40 Grabungsarbeitern. 1978 hatte die Memnon als Bühne gedient für die Verfilmung von Agatha Christies Roman *Murder on the Nile* mit Peter Ustinov in der Rolle des Detektivs. Alles war geblieben, wie es vor dem Ersten Weltkrieg war: Licht mit Petrollampen, kein Warmwasser, dafür wunderbare Art-Déco-Möbel aus dunklem Mahagoniholz, Spannteppiche, Seidentapeten und Champagnergläser.

S. 149

Das zentrale Objekt der Expedition war ein Tempel in Bet el-Wali, aus der Zeit von Ramses II., der von 1279 bis 1213 v. Chr. herrschte. Ramses II. war der unbestrittene Heros der Geschichte des pharaonischen Reichs. Weder vorher noch nachher wurde eine kulturelle und wirtschaftliche Blüte erreicht, wie sie seine Zeit auszeichnete. Mit den Tempeln in Nubien wollte er die Integration des Gebietes in seinen Herrschaftsbereich festigen. Der Tempel in Bet el-Wali bestand aus einem in den Fels gehauenen Kultraum und einer offenen Vorhalle. Von dieser Anlage sollten wir Bauaufnahmen machen und nach ihrer Baugeschichte forschen. Der Tempel war 1920 schon einmal untersucht und dabei von allen Überresten späterer Kulturen gereinigt worden. Alle im Tempel noch vorhandenen Fragmente einer koptischen Kirche aus den ersten Jahrhunderten unserer Zeitrechnung beispielsweise wurden herausgerissen. Es gab – abgesehen vom Bericht über die Zerstörung – keine weiteren Hinweise auf diesen Teil seiner Geschichte. Es gelang mir nicht, diesem Wissen Gestalt zu geben.

In der Umgebung des Tempels zeigten sich aber neben dem einen dominanten und alle Aufmerksamkeit auf sich ziehenden Objekt der elitären ägyptischen Hochkultur eine Vielzahl von Relikten vergessener Kulturen. Wie beim Schaben auf einem Palimpsest tauchten verschollene und vergessene Spuren auf: Auf dem Felssporn oberhalb des Tempels lag eine noch nie untersuchte Ruine. In ihr fanden wir einen dem Mithraskult geweihten kleinen Tempel. Der Mithraskult hielt im Römischen Reich Einzug, als Pompeius Magnus

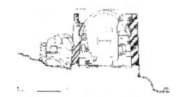

S. 150

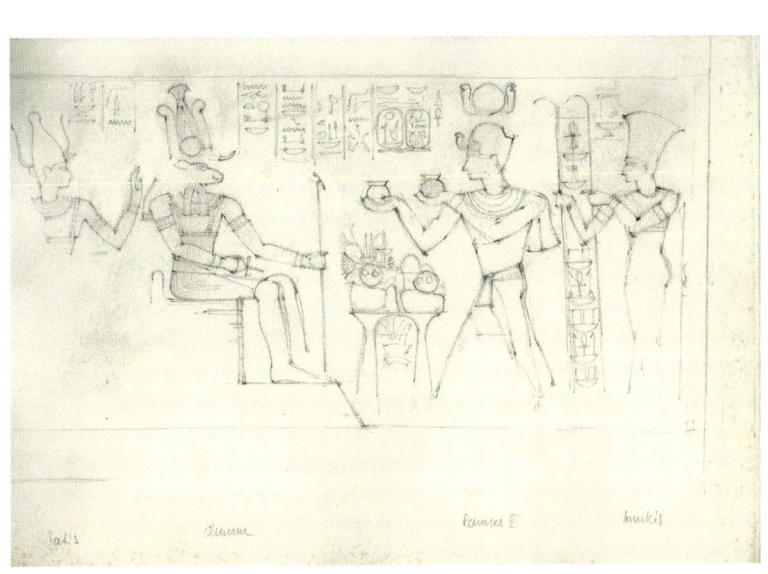

Ptah's   Osiris   Ramses II   Anubis

nach der Eroberung Jerusalems im Jahre 63 v. Chr. nach Rom zurückkehrte, mit Gefangenen, die Anhänger dieser persischen Religion waren. Besonders bei den römischen Soldaten hatte sich der Kult fest eingebürgert. Um 250 v. Chr. wurde er zu einem ernst zu nehmenden Rivalen des Christentums. Die Mithras-Verehrung gehört zu den Mysterienkulten, die nur im Kreise von Eingeweihten im Verborgenen ausgeübt wurden.

Der Tempel war wahrscheinlich Teil einer römischen Militärstation, soweit ich weiß der südlichsten des Römischen Reichs. Im Innern, an den Wänden entlang, fanden wir steinerne Betten, die wahrscheinlich als Traumorakel genutzt wurden. Es wird vermutet, dass der Tempel dazu diente, Menschen in einem geschützten und von Priestern betreuten Raum träumen zu lassen, um sie so mit dem Überpersönlichen in Verbindung zu bringen. Heute, 2000 Jahre später, benutzt die Psychiatrie die von Freud und Jung wieder ausgegrabene Methode der Traumdeutung, um psychische Faktoren, die aus der Vergangenheit eines Menschen in die Gegenwart hineinwirken, aufzudecken.

S. 150

Wir fanden Schmuckstücke in Gräbern von Stammesfürsten aus der Zeit nach dem Rückzug der Römer und vor der Besiedlung durch die Kopten. Neben einem Grab, im Sand versteckt, entdeckten wir ein großes gläsernes Trinkgefäß. Vielleicht wurde es von einem nach Nubien versetzten römischen Soldaten mitgebracht, von einem Kumpanen des lokalen Stammesfürsten gestohlen und darum neben seinem Grab im Sand versteckt?

Die kulturelle Aufmerksamkeit war primär auf die Suche nach den Spuren der großen Heroen der ägyptischen Vergangenheit gerichtet. Andere Schichten der vielfältigen Historie des Ortes wurden vernachlässigt. Das gleiche Schicksal wie die koptische Kirche, die in den 1920er-Jahren von den Archäologen weggefegt worden war, erfuhr auch die wunderbare indigene Architektur der dort lebenden nubischen Bevölkerung. Diese Schicht wurde ignoriert und nicht dokumentiert. Die Archäologen handelten ähnlich wie die Architekten der Moderne. Es gab für sie nur eine wichtige Zeit und eine Geschichte, die relevant war.

Die nubischen Dörfer wurden ertränkt, ohne dass ein umfassender Bericht von der überwältigenden Poesie ihrer Kultur übrig blieb. Ich kenne nur den Bericht in dem wunderbaren Buch *Nubien, Goldland am Nil* des Schweizer Fotografen Georg Gerster, der uns damals auf unserer Grabung besuchte.

Wie überdeckt man einen Raum in einem heißen Klima, wo es kein Holz gibt, jedoch in der Sonne getrocknete Lehmziegel hergestellt werden können? Man baut ein hohes Widerlager, mannshohe Längsmauern und deckt den Raum mit einem Gewölbe. Damit das ohne ein Leergerüst gelingt, gilt es, die vertikalen Gewölbeschichten schief zu legen, sodass die nassen Lehmziegel Schicht für Schicht aufgeklebt werden und sich auf diese Weise selbst tragen können. Es entstanden die gleichen Tonnengewölbe, ohne Leergerüste konstruiert und aus denselben Materialien bestehend wie im 2000 Jahre älteren Tempel in Bet el-Wali.

S. 151

Die Frauen bauten und dekorierten die Häuser der Dörfer, während die Männer in Unterägypten als Diener und Köche arbeiteten. Einmal im Jahr kamen sie zurück in ihre Heimat, um ein Kind zu zeugen. Dabei brachten sie ausgedientes Porzellan ihrer französischen und englischen Arbeitgeber aus Alexandrien oder Kairo mit nach Hause. Die Suppenschüssel wurde zuoberst auf die Giebelfassade gestellt, die Teller dienten dazu, die Fassaden zu dekorieren.

Um 1950 gab es einen Versuch, die nubische Architektur wiederaufleben zu lassen: Die ägyptische Regierung wollte die nubischen Bewohner von Gourna in ein Dorf vor dem Tal der Könige umsiedeln. Auf dem schwarzen Kunstmarkt waren immer wieder Objekte aufgetaucht, die wahrscheinlich aus privaten Grabungen in diesem Dorf stammten. Der Architekt Hassan Fathy, später mehrfacher Preisträger der Aga Khan-Stiftung, wurde beauftragt, für dieses Vorhaben eine neue Siedlung zu bauen. Er versuchte, in Neu-Gourna die versunkene Baukultur der Nubier wiederzubeleben. Er baute das Zentrum der Stadt – eine Moschee, eine Markthalle, ein Theater und ein Wohnhaus für sich – mit den Materialien, Formen und Strukturen aus der Geschichte der Nubier. Es entstanden wunderbare traditionelle Lehmziegelhäuser mit den nubischen Gewölben aus ihrem ursprünglichen Baumaterial.

S. 152

Hassan Fathy glaubte an die Kraft der Vergangenheit, die Nubier selbst jedoch nicht. Der Transfer nach Neu-Gourna gelang nicht. Die Nubier wollten eine Stadt und kein Dorf. Vom Projekt Hassan Fathys sind nur noch Bruchstücke übrig blieben: die Moschee, ein Theater, der Markt und einige wenige Wohnhäuser. Sie stehen auf unsicherem Boden und werden zerfallen – obwohl sie UNESO-Weltkulturerbe sind – wenn nicht in absehbarer Zeit viel Geld für die Erhaltung gefunden wird.

1962
Meine fünfte Reise – zurück nach Zürich

Nach einem Jahr in Ägypten war ich unsicher, ob ich im Institut bleiben sollte. Auf der einen Seite faszinierte mich das Eintauchen in die Kultur des alten Ägyptens, andererseits gab es dort wenige Wege in eine größere Welt. Ich entschied mich für die Weite und beschloss, nach Zürich zurückzukehren. Auf der Heimfahrt von Ägypten gab mir mein Dampfer in Neapel Zeit, das Archäologische Nationalmuseum zu besuchen.

In Ägypten hatte mich von den Kunstwerken aus der pharaonischen Zeit die Statue von Chephren am tiefsten beeindruckt. Er zeigt sich in seiner Nähe zu den Göttern, beschützt von Horus dem Falkengott, als Einheit von Mensch, Tier und Gott, und in seiner menschlichen Würde und Monumentalität als Repräsentant seines Volkes.

In Neapel stand ich dann vor Laokoon – ein bestürzendes Bild der menschlichen Tragik im Kampf mit seinem Schicksal. Dargestellt ist, wie er im Auftrag von Athenae, der Göttin der Vernunft und Rationalität, zusammen mit seinen Kindern von einer riesigen Schlange ermordet wird. Das Tier ist nicht mehr der Garant des Lebens, sondern der Feind des Menschen. Der Mensch ist nackt und schutzlos, gefesselt und vergewaltigt. Ich war versucht, mit dem nächsten Schiff nach Ägypten zurückzukehren, entschied mich dann aber für die Auseinandersetzung mit der Welt von Laokoon und Athenae.

Auf ein Inserat hin erhielt ich viele Angebote, von großen und kleinen Architekturbüros, von Stararchitekten und von einem alten Freund. Max Bill suchte einen Projektleiter für den Bau des Pavillons der Schweizer Kunst auf der Landesausstellung 1964 in Lausanne. Er erzählte mir von seinem Bentley und wenig von seiner Arbeit. Irgendwie war er mir sehr fremd. Bei meinem Freund Jan Both waren die Ansprüche weniger ambitiös. Ich entschied mich für sein Büro. Ich betreute den Umbau einer Küche und eines Schuhgeschäftes in Zürich, versuchte mich an einem Projekt für einen Devotionalienladen in Einsiedeln und baute eine Einstellhalle für Golfwagen in Zumikon. Zuerst einmal war „small beautyful".

Aber dann war ich trotzdem mitten in der EXPO 1964. Ein Oberst im Generalstab, Inhaber einer Großen PR-Agentur, erhielt vom Militärdepartement

den Auftrag, den Pavillon für den Auftritt der Schweizer Armee zu gestalten. Mein Chef, sein Segelkumpan, sollte für ihn die Hülle des Pavillons entwerfen. Am Schluss landete die Aufgabe bei mir, dem Ende der Hierarchienkette. Mein Hund, ein nicht ganz reinrassiger Appenzeller, half mir bei der Suche nach der Symbolik der Gestalt. Damit die Appenzeller Hunde in ihrer Gutmütigkeit nicht von bösartigen Genossen angegriffen werden, tragen sie zu ihrem Schutz stachelige Halsbänder. Ich interpretierte „form follows function" nicht als Aufruf, den Glauben an die Rationalität der Form zu zelebrieren, sondern als Chance, mit der Gestalt etwas über die Bedeutung des Hauses zu sagen: als Symbol für die „neutrale wehrhafte Schweiz".

S. 152

Die Welt der Architekten empfand mein Konzept als „Sakrileg" gegen die Moderne, gemäß meinem Wörterbuch „ein Verstoß gegen ein heiliges Dogma". Dies war umso schwerwiegender, als daneben der von Max Bill gebaute Pavillon „Schweizer Kunst" stand, ein sauberer Schuppen, aber meines Erachtens ohne eigene Identität. Auf der Suche nach der reinen Form ließ Max Bill am Tag vor der Eröffnung alle im Hof ausgestellten Plastiken vergolden, um die Vielfalt der Skulpturen auf eine Farbe zu reduzieren. Heute entsteht dagegen ein Bewusstsein dafür, dass die Stadt komplex und widersprüchlich sein darf.

Die Gestalt der Dinge

Der Konflikt um die Gestalt des „Igels" wurde für mich zum Beginn einer lebenslangen Beschäftigung mit dem Thema der Gestalt der Stadt. Bei William Dunkel war mir noch mit aller Deutlichkeit beigebracht worden, dass die „Form" durch die „Funktion" bestimmt werde, weil die Formgebung der Dinge – der Möbel, Häuser und Städte – ein rein rationaler Prozess sei. Wenn wir aber anstatt von Form von Gestalt reden und den Begriff „Gestalt" als „Form mit Bedeutung" definieren, müssten wir sagen „form follows meaning". Eine „Form" kann nur ein Zeichen sein. Wenn sie Bedeutung hat wird sie zum Symbol. Ein rechter Winkel kann ein Zeichen sein – hier geht's um die Ecke – oder es kann ein Symbol sein – hier wollen wir Ordnung. Blue Jeans können ein Zeichen sein – ich will praktische Hosen – oder sie können ein Symbol sein – ich protestiere gegen die Konventionen der bürgerlichen Gesellschaft. Beim Menschen ist die Form seine Anatomie, die Gestalt jedoch seine Er-Scheinung, Ausstrahlung und Präsenz.

Beim Haus und bei der Stadt ist die Form ihre räumliche Struktur, Funktionalität und Technik, die Gestalt aber ihre Identität, Atmosphäre oder Aura. Dass die Gestalt der Dinge ihre Unschuld verloren hat, ist eines der wichtigen kulturellen Phänomene der Zeit jenseits der Moderne. Sie hat sich von der dogmatischen Vereinfachung und Reduzierung der Moderne befreit, die für sich in Anspruch nahm, das absolut Richtige und Gute definieren zu können. Ich erinnere mich an die jährlichen Veranstaltungen zum Thema „Gute Form" – vom Eierbecher bis zum Schulhaus. Eine Diskussion über deren Bedeutung war Häresie.

„Gestalt" ist jedoch mehr als nur „Form". Richard Weiss schrieb in seinem wunderbaren Buch *Häuser und Landschaften der Schweiz*: „Das Kleid eines Menschen vermittelt uns erste Vorstellungen von seiner Lebensart, von seiner Herkunft, von seinem Geschmack, ja sogar von seiner inneren Haltung – obwohl das Kleid etwas ‚Äußerliches' ist. So ist auch das Haus ein äußeres Kleid, aber zugleich eine lesbare und vieldeutige Äußerung des Menschen in seiner Familie und Freundschaft, des Menschen mit seinen Tieren und Sachen, des Menschen in seinem Land und seiner Landschaft." **Damit habe ich eine Definition des Begriffs „Gestalt" gefunden, die dieses Buch begleitet: Das Haus – und die Stadt – sind lesbare und vieldeutige „Äußerungen" der Menschen. Sie zeigen über ihre „Gestalt", wer und wie sie in der Welt sind und sich zeigen wollen.**

Beim „Dorf" war das noch anders. Die formgebenden Elemente des Dorfes sind das Klima, die landwirtschaftliche Wirtschaftsart und das verfügbare Baumaterial. Über Jahrhunderte haben sich Häuser und Dörfer der Bauern wenig geändert, weil diese Faktoren gleich geblieben sind. Beim städtischen Haus sind wiederum andere Faktoren dominant: die ökonomischen, sozialen und kulturellen Werte der jeweiligen städtischen Gesellschaft prägen die Form. Aus Form wird Gestalt, die von der Herkunft, dem Geschmack, von der inneren Haltung und von der Identität der Gesellschaft berichtet.

S. 152

S. 152

Besonders gut kann dies an den Wohnbauten gezeigt werden: Die Bilder der Häuser werden so zu einer Galerie der Evolution und Transformation des Bewusstseins der Städter in den letzten Jahrhunderten. Die mittelalterlichen Bürgerhäuser am Imbergässlein in Basel, alle gleich hoch und breit und alle mit einem Arbeitsraum im Erdgeschoss und einer Wohnung in den Obergeschossen, weisen auf den Bund der Bürger der Stadt hin.

Mit der industriellen Revolution löste sich dieser Bund auf. Es entstanden unterschiedliche soziale Schichten, und die Akzeptanz dieser Unterschiede wurde an den Fassaden der Wohnbauten zelebriert. Die Beletage im ersten Obergeschoss verwies auf die Reichen, die Mansarden im Dachgeschoss auf die Armen. Beide wohnten aber noch unter dem gleichen Dach. Die Zeit nach dem Ersten Weltkrieg brachte einen weiteren radikalen Paradigmenwechsel in der städtischen Gesellschaft. Für die soziale Integration aller Schichten musste eine neue Wohnform gefunden werden. Mit dem Wechsel von der Blockrandbebauung zur Zeile konnte ein gerechtes Haus gebaut werden: Indem man auf Fenster an den Köpfen der Zeilen verzichtete und mit einem Hochparterre den Wohnungen im Erdgeschoss keinen Zugang zum Garten erlaubte, schuf man gleichwertige Wohnungen. Die wirtschaftliche Entwicklung nach dem Zweiten Weltkrieg erzeugte neue Bilder, die von der Begeisterung für Technik und gleichzeitig von einer radikalen Verachtung für die vergangenen Schichten der Stadt sprachen. In den 1980er-Jahren regte sich erstmals Widerstand gegen die Banalität und Aggressivität der Moderne. Das Misstrauen gegenüber der heiliggesprochenen Rationalität des Menschen wuchs. Jenseits der Moderne begannen die Menschen eine Suche nach der Reintegration verloren gegangener Individualität, Sinnlichkeit und Emotionalität. Dennoch war das Ende des 20. Jahrhunderts geprägt von Trivialität. Die Immobilienwirtschaft wurde zum wichtigsten Akteur bei der Bestimmung der Gestalt der Stadtquartiere.

Die Bildersprache der Stadt

In der Sprache jeder Zeit entstehen neue Worte. „Transformation" ist eines dieser neuen Worte. Es taucht in meinem Text immer wieder auf – aus einem Alten wird etwas Neues oder aus einem Allgemeinen etwas Spezielles. Die Gestalt der Türme der Stadt ist eines dieser uralten Spiele der Transformation eines archetypischen Bildes. Sie werden in jeder Zeit zur Reflexion – zur Widerspiegelung – der großen Themen der Gesellschaft.

Die Gestalt der Pagode erinnert den Menschen an die Einheit von Erde und Himmel. Sie beginnt unten mit einem quadratischen Grundriss, der sich nach oben zuerst in ein Achteck, dann in einen Kreis als Symbol des Allumfassenden wandelt, um sich dann zuoberst in einer Spitze im Himmel aufzulösen, dem Gegenpol zur Erde. Dieses Spiel mit Kreis und Quadrat ist

Karmelitska

das Grundprinzip der Mandalas, die besonders im tibetischen Buddhismus von zentraler spiritueller Bedeutung sind.

Im krassen Gegensatz dazu stehen die Türme der Macht des Kapitalismus: Die Türme des World Trade Center waren Quadrate – Symbole der Rationalität und Ordnung, von oben bis unten und dies sogar zweimal. Indem sie oben ohne Abschluss blieben, suggerierten sie, endlos wachsen zu können. Sie verwiesen auf die allein seligmachende Kraft der Ökonomie und duldeten keinen Widerspruch. Die Freiheitsstatue, ehemals die Pforte von Amerika markierend, wurde ihrer identitätsstiftenden Kraft beraubt. Vielleicht war es die außerordentliche Wucht in der Gestalt der Türme, die sie zum Ziel der Aggression werden ließ. Unsere Städte lassen sich von der gegenwärtigen Energie der globalen Wirtschaft widerstandslos vergewaltigen. Das ist nicht neu, aber in vormoderner Zeit gab es klarere kulturelle Regeln.

Bis zur Mitte des 19. Jahrhunderts war die Schweiz ein Land ohne Wirtschaftswachstum. Wenn ein Bäcker plötzlich mehr Brote verkaufte, reduzierte sich das Einkommen der übrigen Bäcker. Deshalb sorgten die Zunftsordnungen der Städte dafür, dass der Markt kontrolliert war. Das gleiche Prinzip fand sich auch beim Hausbau: Baute jemand ein größeres Haus als seine Nachbarn, so zeigte er, dass er reicher geworden war. Das war suspekt in einer Gesellschaft ohne Wirtschaftswachstum. Deshalb waren im Mittelalter die Maße der Häuser genau festgelegt.

Davon berichtet die Sage vom „Stadttier" von Willisau: Das Stadttier zeigt sich als großer schwarzer Hund. Es ist erkennbar an seinem abscheulichen Geschrei, das mit keinem anderen Ton zu vergleichen ist und durch Mark und Bein geht, wenn es in der Stille der Nacht ertönt. Es ist der Geist eines alten Stadtbaumeisters, der sich nach dem Brand der Stadt verfehlte, indem, anstatt alle Häuser gleich zu bauen, aus Eigennutz sein Haus, die Kupferschmiede an der Spitalgasse, schöner und größer aufführte als andere Häuser.

Nur zwei Berufsgruppen waren in der Schweiz von dieser Regel dispensiert: Die Söldner, die aus fremden Diensten, beim König von Frankreich oder beim Papst, mit dem verdienten Sold nach Hause zurückkamen. Sie durften aber nicht in der Stadt bauen, sondern nur auf dem Land, z. B. irgendwo im Thurgau. Die andere Ausnahme waren die Unternehmer, die ihr Vermögen mit Reisenden verdient hatten.

So einer war Kaspar von Stockalper. Warum er mit seinem Schloss in Brig
sogar drei Türme innerhalb der Stadt bauen durfte, ist ein Stück Schweizer
Kulturgeschichte. Er war im 17. Jahrhundert der reichste Schweizer. Sein
Vermögen soll einem Gegenwert von 122 233 Kühen entsprochen haben.
Eine Kuh war damals ein kostbarer Besitz. Seine beste Milchkuh war der
Simplonpass, eine wichtige Verbindung zwischen der Schweiz und Italien.
Er besaß alle Rechte für Transporte und Zölle. Weil die Einnahmen von
Fremden stammten, durfte er seinen Reichtum zeigen. Wie der Stadtbaumeister von Willisau, geriet aber auch er in Schwierigkeiten, als sich die bei
ihm verschuldeten Walliser – Abgeordnete, Kirchenleute, Bauern – zusam-
mentaten, um im Landtag eine Anklageschrift gegen Stockalper vorzulegen
und ein Schuldbekenntnis zu erzwingen. Seine Macht über einen Großteil
der ansässigen Bevölkerung – symbolisiert in seinen Türmen – war zu er-
drückend geworden.

Von der Bedeutung der Bildersprache einer Stadt zeugt auch die Architekturgeschichte der Universität Basel. Sie wurde 1460 gegründet, als erste
Universität der Schweiz. Einquartiert wurde sie in bestehenden mittelalter-
lichen Häusern am Münsterhügel. 1750 baute die Familie Sarasin auf der
anderen Seite der Gasse ein gewaltiges Doppelhaus. Die Sarasins wurden
als Flüchtlinge in der Zeit der Hugenottenverfolgungen in Basel aufgenom-   S. 153
men und kamen mit der Fabrikation von Seidenbändern zu Reichtum. Ihr
Haus war das größte, das im 18. Jahrhundert in Basel gebaut wurde. Die
fünf Häuser der Universität erschienen daneben plötzlich als kleine, mick-
rige Häuser am Gassenrand.

1860, zum 400-jährigen Jubiläum der Universität, wurde der Missstand be-
hoben. Mit einer um die kleinen Häuser gezogenen einheitlichen Fassade
entstand ein nach außen großes, der Bedeutung der Universität angemes-
senes Gebäude, das auf die Institution aufmerksam machte. Ihre Identität
sollte mit der neuen Fassade gestärkt werden.   S. 153

1960, beim 500-jährigen Jubiläum, war ein neuer Mythos angesagt. Es ging
an diesem Ort nicht mehr um die physische Größe der Universität. Das
ehrwürdige Alter sollte nun von der Bedeutung der Institution zeugen. Die
Universität ersuchte den Regierungsrat, die 100 Jahre alte „Tapete" zu ent-
fernen und so die mittelalterlichen Häuser als Zeugen der Geschichte der
Universität wieder sichtbar werden zu lassen. Das Anliegen wurde von der
staatlichen Denkmalpflege kategorisch abgelehnt.

Das große Spiel der Stadt

Philosophen und Dichter haben sich immer wieder zur kulturellen Bedeutung der Gestalt geäußert. „Alle großen Werke der Baukunst", so schrieb etwa Victor Hugo, sind „weniger individuelle als soziale Werke: [...] der Satz der sukzessiven Verdunstungen der menschlichen Gesellschaft". Und für Jean Gebser war ein Körper „nichts anderes als erstarrte, geronnene, dichtgewordene, materialisierte Zeit". Ich versuche, die Bedeutung der Gestalt in einem Schema darzustellen:

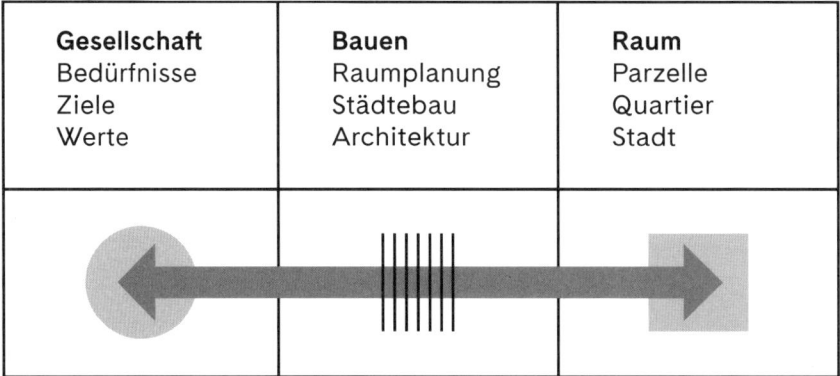

Gesellschaft	**Bauen**	**Raum**
Bedürfnisse	Raumplanung	Parzelle
Ziele	Städtebau	Quartier
Werte	Architektur	Stadt

Die linke Spalte weist auf den Menschen hin: Die Menschen fühlen, spüren, denken und ahnen. Sie verlangen nach Sicherheit, fordern Gerechtigkeit oder träumen von ewigem Glück und Schönheit. Erfahren können Menschen diese Ziele auf spiritueller, emotionaler und körperlicher Ebene. Auf der körperlichen Ebene leben bedeutet: mit seinem Körper arbeiten, sich um seinen Körper kümmern, seinem Körper zuhören, mit seinem Körper spielen. Auf der emotionalen Ebene leben heißt: Gefühle registrieren, sie interpretieren und auf sie reagieren. Auf der spirituellen Ebene leben bedeutet: Ahnungen von der Einheit mit dem Kosmos suchen, spüren und verarbeiten. Die rechte Spalte weist auf den Raum hin. Es geht um den Topos, den „Ort" in der Welt, der in der Gestalt des Raumes sichtbar wird. Er macht für den Menschen Dinge möglich oder leistet Widerstand, verursacht Bedürfnisse oder erfüllt sie: der Hügel, die Schmalstelle des Flusses, die Gegebenheiten und Ressourcen der Natur. Topos ist aber auch die schon vorhandene Stadt, mit den in der Zeit entstandenen Kanalisationen, Straßen und Bauten. Daraus entstanden sind sich immer wieder überlagernde Schichten der

Vergangenheit. Aus der Interaktion der linken und der rechten Spalte – Mensch und Raum – entsteht die Stadt.

Es geht also um das „Spiel der Stadt": Dem Formlosen, den alten und neuen Bedürfnissen, Werten und Träumen der Menschen, muss eine adäquate Gestalt gegeben werden. So reflektiert Gestalt die Seele der Menschen. Es geht um eine „Kristallisation" der Bedürfnisse, Ziele und Träume der Gesellschaft im Raum. Wenn dies nicht gelingt, wird die Stadt nicht zum heilenden Lebensgrund der Menschen. Das zu verhindern ist eine der großen Aufgaben jeder Zeit.

Einen viel zitierten Hinweis darauf lieferte der deutsche Philosoph Martin Heidegger in seiner Rede vor Architekten in Darmstadt im Jahr 1958. Er fragte nach der Etymologie des Wortes „bauen" und weist auf die gemeinsame Wurzel zum Wort „(ich)bin" hin. Bauen ist die Art und Weise, wie ich sein will, wie ich bin,

Die mittlere Spalte ist der Platz der Ingenieure, Architekten oder Stadtplaner – zusammengefasst der Urbanisten. Sie sind bei diesem Spiel die Gestaltgeber, die aus Formlosem städtischen Raum entstehen lassen, als eine „Dienstleistung" an die Gesellschaft. Dieses Spiel haben die Urbanisten nicht erfunden. Es gehört auch nicht ihnen. Sie sind aber aufgefordert, es gut zu spielen, in diese Prozesse Qualität einzubringen. Das ist die Bedeutung der mittleren Spalte: das Bauen als Transformation der Bedürfnisse, Ziele und Werte der Menschen in Parzellen, Quartiere, Städte.

Damit diese Transformation eine wertvolle ist, sind vom Urbanisten drei Potenziale gefragt:

–   eine Zuwendung zur vorhandenen Stadt und ihren Menschen
–   die Fähigkeit, das Gespürte, Gesehene und Gehörte umzusetzen
–   ein Wissen von dem Spiel der Stadt, den wirkenden Kräften, den Prinzipien des Spiels und den Geschichten der Stadt

Die Urbanisten sind in diesem Spiel also die Treuhänder, diejenigen, die die Dinge ermöglich können. Vielleicht darf man auch sagen, sie seien die Spieler. Für die Spielregeln und das Einhalten der Regeln ist die Politik zuständig. Sie muss sich um die Stadt kümmern und darf sie nicht dem Profitdenken der Immobilienwirtschaft oder dem Geltungsbedürfnis einzelner

Akteure überlassen. Von der Aufgabe, die Transformation der Stadt zu betreuen, möchte ich in der Folge berichten.

Das Berufsbild des Architekten jenseits der Moderne

Die Betreuung der Transformation der Stadt war und ist eine der anspruchsvollsten kulturellen Aufgaben, die den Menschen übertragen worden ist: Wie bewahre ich mein Feuer, wie schütze ich mein Haus, mein Dorf oder meine Stadt vor Regen, Wind, wilden Tieren und bösen Feinden, wie gelingt es, mit Armen und Reichen, Sklaven und Mächtigen, Freunden und Fremden zusammenzuleben, wie organisiere ich den Austausch von Waren und Wissen, wie gebe ich der Stadt Gestalt, damit sie zu dem wird, was die Menschen brauchen und sich wünschen? Dabei geht es nicht nur um das, was wir schon wissen und können, sondern auch darum, immer neue Aufgaben zu bewältigen, in einem endlosen Prozess, in den immer wieder neue Bedürfnisse, Notwendigkeiten, Visionen und Träume zu integrieren sind. Diese Komplexität ist auch die Ursache dafür, dass es nie eine „Wissenschaft" und nie eine definierte „Technik" der Transformation der Stadt gab und geben wird, obwohl die Moderne immer wieder behauptet hat, die ultimative Methode gefunden zu haben. Die gerade Straße und der rechte Winkel sind mögliche Lösungen, aber nicht die einzigen. Die Zeit jenseits der Moderne muss die Wendung „allein seligmachendes Dogma" aus ihrem Vokabular streichen. Daran beißen sich auch die Architekturschulen die Zähne aus. Sie dürfen sich nicht mehr nur auf die Körperlichkeit der Stadt konzentrieren und den Inhalt von angeblichen Wahrheiten kommunizieren. Gebraucht wird ein neues Berufsbild der Architekten.

Der Architekt, Städtebauer oder Stadtplaner ist immer wieder konfrontiert mit der Frage nach seinem „Auftrag". Wie verschieden ein Auftrag von Architekten interpretiert werden kann, wurde für mich bei der Suche nach einem Konzept für das Seestadt-Areal in Bregenz in einer überraschenden Intensität deutlich: Die Überbauung des großen Parkplatzes zwischen Altstadt und Bahnhof war mehrmals gescheitert, weil die Projekte in der politischen Umsetzung keine Akzeptanz fanden. Sie wurden von der Bevölkerung wegen ihrer Großmaßstäblichkeit und Monotonie abgelehnt. In einem neuen Anlauf wurde nach einem Ansatz gesucht, der mit einem kooperativen Verfahren von Politik, Bevölkerung und Fachleuten städtebauliche Qualität sichern, aber auch die sozialen, ökonomischen und kulturellen Anliegen der

Bevölkerung ernst nehmen sollte. In einem zweijährigen öffentlichen Prozess wurde ein städtebauliches Konzept entwickelt und politisch verankert. Ein wesentliches städtebauliches Anliegen war die Gliederung und Fragmentierung des 500 Meter langen Baufeldes in mehrere unterschiedliche Elemente. Deshalb wurde in der Präqualifizierung von drei Architekturbüros ausdrücklich gefordert, Teams aufzustellen, das Baufeld in mehrere Parzellen zu teilen und jede Parzelle von einem anderen Architekten bauen zu lassen. Im ersten Rundgang des Wettbewerbes hatte das Beurteilungsgremium das Projekt der Arbeitsgemeinschaft Baumschlager+Eberle, David Chipperfield und Roger Diener einstimmig ausgeschieden, da sie die politische Vorgabe der Vielsprachigkeit ignoriert hatten. Ihr Vorschlag war eine ganz andere Haltung: Ein einzelnes 500 Meter langes Haus sollte den freien Raum besetzen. In einem Gespräch mit einem Mitarbeiter der Büros von David Chipperfield nannte ich das Projekt eine „Frechheit", nachdem weniger aggressive Fragen kein Verständnis für meine Einwände zu bewirken schienen. Diese Bemerkung führte anschließend zu einem Briefwechsel mit Roger Diener, in dem wir die Regeln und die öffentliche Verantwortung im Städtebau intensiv diskutierten.

S. 154

S. 154

„Lieber Carl

Anlässlich einer Tagung über aktuelle Museumsarchitektur hat mir mein Kollege Alexander Schwarz von Chipperfield Architects erzählt, Du hättest Dich ungehalten über unseren gemeinsamen und mit Baumschlager Eberle verfassten Wettbewerbsbeitrag für Bregenz geäussert und ihn eine Frechheit genannt. Ich möchte Dich meine Gedanken zu Deiner Einschätzung dieses Entwurfs wissen lassen, denn auch wir werden uns wieder begegnen.

Städtebauliche Konzepte über exponiert gelegene Bauaufgaben sind immer Hypothesen, wenn sie im Vorfeld von Architekturwettbewerben ausgearbeitet werden. Der Architekturwettbewerb ist anschliessend dazu da, diese Hypothesen zu bestätigen, mit ‚Architektur' zu hinterlegen oder ‚ausnahmsweise' zu korrigieren. Es gehört zu den wichtigsten Pflichten eines Preisgerichts, seine Beurteilung unvoreingenommen wahrzunehmen. Es soll auch, daran führt kein Weg vorbei, anhand der Wettbewerbsbeiträge noch einmal geprüft werden, ob die städtebauliche Hypothese, soweit sie der Ausschreibung zugrunde gelegt worden ist, ihre Gültigkeit bewahrt oder, wenn es sich so erweisen sollte, zu modifizieren ist.

Wenn die Projektverfasser eines städtebaulichen Leitbilds selbst als Juroren in das Preisgericht eintreten, sind sie angehalten, sich nicht zum Advokaten ihres eigenen Konzepts zu machen, schon gar nicht mit einer Art Furor. Sie sollten vielmehr am Beispiel der verschiedenen Wettbewerbsentwürfe selbst zu einer kritischen Auseinandersetzung über die von ihnen vorgeschlagene städtebauliche Konzeption beitragen, die der Architekturwettbewerb immer auch ist, vor allem bei grossen, exponiert gelegenen Projekten, in denen Städtebau und Architektur gar nicht zu trennen sind. Falls die Projektverfasser des städtebaulichen Konzepts eine solche kritische Auseinandersetzung nicht akzeptieren wollen, sollten sie dem Preisgericht gar nicht erst beitreten.

Um eine solche Auseinandersetzung hat es sich im Fall von Bregenz gehandelt. Wir haben in dem umfangreichen kommerziell/öffentlichen Programm an der exponierten Lage zwischen Stadt, Bahnhof und Seefront das Potential für eine grosse, versammelnde Struktur gesehen, die inmitten ungeordneter Räume eine ruhige, auch monumentale Wirkung auszuüben vermag, wie wir sie von den schönsten europäischen Stadträumen in Vicenza oder Venedig kennen. Das steht wohl in Widerspruch zu dem von Dir vorgeschlagenen Aufbrechen der grossen Form in kleinere Einheiten, aber ist gewiss eine Prüfung wert, auch wenn die Jury nach sorgfältiger Prüfung vielleicht zu dem Ergebnis kommen sollte, dass die städtebauliche Hypothese mit kleineren Einheiten angemessener sei. Eine Frechheit jedoch ist es gewiss nicht. Das kann man nur finden, wenn man den Verstoss gegen seine städtebauliche Vorgabe als eine Insubordination versteht und deshalb von den teilnehmenden Architekten verlangen will, dass sie sich schlicht als Erfüllungsgehilfen gebärden.

Schliesslich sei hier erwähnt, dass unser Beitrag mit einem sehr grossen Aufwand entstanden und mit grosser Ernsthaftigkeit vorgetragen ist. Auch deshalb ist es schockierend zu hören, dass Du ihn als eine Frechheit bezeichnest.

Mit freundlichen Grüssen
Roger Diener"

„Zürich, den 1. November 2010

Lieber Roger

Wir sind als Architekten aufgefordert der Stadt Gestalt zu geben. Wir sollen
für die Bedürfnisse, Ziele und Träume der Menschen im Raum Form und
Struktur finden. Da sich die Bedürfnisse, Ziele und Träume in der Zeit immer wieder verändern, müssen wir bei jeder Aufgabe nach der für den Ort
und die Zeit sinnvollen Gestalt suchen. Dabei müssen wir sorgfältig hin-
hören, aber auch auf von der Gesellschaft nicht erkannte Potentiale hinweisen. Es ist immer ein Spiel zwischen Respekt und Innovation. Ich meine,
dass ihr mit euerem Projekt für die Seestadt nicht respektvoll mit den Menschen von Bregenz umgegangen seid und habe es deshalb als eine ‚Frechheit‘ bezeichnet.

Ich versuche dies zu begründen: Auf dem Seestadt-Areal sind in den letzten
Jahren mehrere Projekte am Widerstand der Bevölkerung und der Politik
gescheitert. Es waren Projekte, die dieses Gebiet als autonomen Raum interpretiert haben und grossmassstäbliche einheitliche Baukörper vorgeschlagen haben. Um ein nochmaliges Scheitern zu vermeiden, entschieden sich
deshalb die Behörden im Sommer 2007 für einen zweistufigen Prozess. In
einem ersten öffentlichen Schritt wurde ein städtebauliches Konzept er-
arbeitet, mit dem sich Behörden, Bevölkerung und Grundeigentümer identi-
fizierten, so dass der zweite Schritt, das darauf basierende architektonische
Projekt, auf einer öffentlichen Akzeptanz aufbauen konnte. Dieses Konzept
wurde Euch schriftlich und mündlich kommuniziert: Der erstellte Masterplan, welcher als Wegleitung für die weiteren Planungs- und Realisierungs-
schritte zu verstehen ist, bildet [...] die Grundlage für die Durchführung des
[...] Wettbewerbsverfahrens. Angestrebt wird die grösstmögliche Einbindung
in das bestehende Stadtgefüge. Die neue Seestadt wird allseits mit dem Bestand verknüpft und verwoben. Durch die Beteiligung mehrerer Architekten
entsteht Vielfalt im Sinne gewachsener Städte. Entsprechend dem Masterplan soll [...] unter Einbezug vielfältiger Architektur, eine [...] kleinteilig
strukturierte Stadterweiterung realisiert werden. Es sollen neue Plätze geschaffen werden, welche als Knoten im Netz des Angebotes an öffentlichem
Raum qualitätsvoll erweitern und zum Verweilen einladen.

Mich haben folgende Fragen beschäftigt: Ich spüre in meiner Arbeit ein
neues Interesse des europäischen Menschen für die Qualität ihrer Heimat

und ein Bedürfnis nach Respekt für dieses Interesse. In eurem Konzept dagegen habe ich Überheblichkeit gelesen. Die Bürger und Politiker von Bregenz sind dumm: Sie wollen ein neues Stück Stadt, das mit ihrer alten Stadt etwas zu tun hat und nicht Vicenca oder Venedig zum Vorbild nimmt. Wir Architekten wissen, was für diesen Ort und diese Menschen gut und richtig ist. So braucht, es dann nicht drei Architekten für die Umsetzung des Konzeptes, wie es in der Ausschreibung ausdrücklich formuliert ist, sondern nur einen, der eine radikal neue Massstäblichkeit einbringt, die in der Vorgeschichte immer wieder zum Scheitern der Projekte geführt hat. Es kümmert uns auch nicht, dass eine lange politische Arbeit hinfällig wird.

Ich verstehe mich in meiner Arbeit bei der Begleitung der Transformation der Stadt zuerst einmal als Übersetzer der Art und Weise, wie die Menschen sein wollen und nicht wie die Architekten meinen, dass sie sein sollen.

Ich habe deshalb euer Projekt als ‚frech' bezeichnet, weil es sich für mich respektlos zeigt. Dieses aggressive Wort habe ich gegenüber Herrn Schwarz mit der Einladung zu einem Gespräch in Zürich verbunden – bei seinem nächsten Termin für die Erweiterung des Kunsthauses, auch weil das gleiche Problem bei einem Projekt von seinem Büro in München aufgetaucht ist. Ich bedaure es, dass er dafür nicht Zeit gefunden hat.

Ich würde das Gespräch gerne fortsetzen.

Mit herzlichen Grüssen
Carl"

In einem Buch mit dem Titel *Im Gespräch* berichtet der Fotograf Ernst Scheidegger von einer Begegnung mit Le Corbusier: „Le Corbusier baute auch ein Haus eines Bekannten von mir, bei dem ich (in Indien) immer gewohnt habe. Das war ein dicker Mann. Er wollte breitere Türen, weil er Probleme hatte, hindurch zu kommen. Le Corbusier hat das geradewegs abgelehnt und ihm gesagt, er solle abnehmen. Mein Bekannter musste dann die Türen nachträglich verbreitern, damit er durchkam, denn die waren nach Le Corbusiers Modulor gebaut." Als er bei seiner Arbeit für Chandigarh, der neuen Hautstadt von Punjab, vom indischen Architekten Mulkarj nach der Bedeutung lokaler Traditionen gefragt wurde, soll er gesagt haben:

„Für was sollen lokale Bräuche und Traditionen gut sein, wenn du Ja gesagt hast zur Maschine, zu Hosen und zur Demokratie?"

Die dogmatische Arroganz, die sich in Architektur und Städtebau immer wieder offenbart, hat sich in unserer Zeit etwas aufgelöst. Geblieben sind aber unbewusste Positionen, die vom Glauben an die „Stadt als Maschine" geprägt sind. Noch ist es erlaubt, die emotionale Energie der Stadt und ihrer Menschen zu ignorieren. Problematisch ist ihre formale Übertragung in die Praxis unserer Bauwirtschaft. Sie kann sich nichts Besseres vorstellen als die Reduktion der Stadt zur Maschine, um kostengünstig und renditeoptimiert zu bauen. Da muss die Stadt mit ihren politischen Mitteln bewusster eingreifen.

S. 154

Ein weiteres Beispiel hierfür liefert ein großes Projekt in Zürich: Bei einem Wettbewerb für die Überbauung in einem Wohnquartier am Waldrand von Zürich wurde ein Projekt mit einer 650 Meter langen Fassade ausgewählt. Nachdem die Einsprachen von Bewohnern des Quartiers in den zwei ersten Instanzen der zuständigen Gerichte abgelehnt worden waren, gab ihnen das Gericht in der letzten Instanz Recht: „Eine Eingliederung in die bauliche Umgebung und die Rücksichtnahme auf diese fehlen vollständig." Die Anwohner mussten sich aber bis zum Bundesgericht vorkämpfen, bevor sich diese Meinung durchsetzte. Eine Fachzeitschrift für die Architektur- und Designszene kommentierte den Vorgang folgendermaßen: „Dieser Entscheid ist ein Rückschlag für die Baukultur und ein Affront gegen die Fachleute, die das Projekt mehrmals positiv beurteilt haben." In einem Interview äußerte sich der zuständige Stadtrat zum Projekt: Er habe diesem zugestimmt, weil die Architekten davon überzeugt waren. Aber sollte die Lokalpolitik nicht in erster Linie die Interessen der ansässigen Bevölkerung vertreten?

Wenn ich das Acht-Punkte-Manifest des Architekten Patrick Schumacher, Partner von Zaha Hadid, aus dem Jahr 2018 lese, fühle ich mich bestätigt, dass die Politik dringend mehr Verantwortung für die Gestalt der Stadt übernehmen muss:

1. Regulierung der Planungsämter: Am Anfang steht das Recht zu bauen.
2. Abschaffung aller Flächennutzungspläne
3. Einstellung aller vergeblichen und unproduktiven Versuche des „Milieuschutzes"

4. Abschaffung aller vorgeschriebenen Wohnungsstandards
5. Abschaffung aller Formen des sozialen und preisgünstigen Wohnungsbaus
6. Abschaffung aller staatlichen Subventionen für Wohneigentum
7. Abschaffung aller Formen von Mietkontrolle
8. Privatisierung aller Straßen, Plätze, öffentlichen Räume und Parks, wenn möglich ganzer Stadtteile

1963
Meine sechste Reise – ins Wallis

1963 suchte ich nach einer neuen Herausforderung, jenseits des Devotionalienladens. Mein Bedürfnis war die „Erfahrung des größeren Maßstabes". Was das sein konnte, war mir aber unklar. Ich bat Walter Custer um Rat, Professor der Architektur an der Eidgenössischen Technischen Hochschule. Hier war er für mich der wichtigste Lehrer. Ein neugieriger Mensch, der sich keinem Dogma unterwarf. Vor allem war er nicht nur an Häusern, sondern sehr vielfältig interessiert und sprach von seinem Freund, dem Physiker Fritz Zwicky und genialen Erfinder der Morphologie ebenso wie von der damals noch nicht definierten Raumplanung. Dafür hatte er soeben mit seinen Kollegen Ernst Winkler und Martin Rotach ein neues Institut gegründet. Wie damals bei Peter Meyer kam ich nach einer Viertelstunde zu einer neuen Stelle.

Damals tat sich ein neues Bewusstseinsfeld auf. Die Menschen begannen, sich um die Qualität des Wassers in Flüssen und Seen ernsthaft Sorgen zu machen. In den 1960er-Jahren wurde ein Eidgenössisches Gewässerschutzgesetz erlassen, das nicht-landwirtschaftliche Gebäude nur bewilligte, wenn sie an eine Kanalisation angeschlossen werden konnten, die zu einer Kläranlage führte. Das bedeutete, dass alle Gemeinden das Gebiet festlegen mussten, in dem ein Anschluss an die Kanalisation möglich war. Dafür war es nötig, einen rechtskräftigen Bauzonenplan, in Deutschland heißt er Flächennutzungsplan, zu erstellen und von der Gemeinde zu beschließen. Das Konzept war eine frühe staatliche Maßnahme zugunsten eines wirksamen Umweltschutzes; weil es jedoch die Baufreiheit radikal einschränkte, war es politisch umstritten.

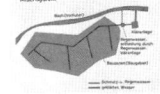

S. 154

SION 26.6.63

Speziell betroffen fühlten sich die Bergkantone, wo Baufreiheit angeblich eine Voraussetzung für die Entwicklung des Tourismus war. Als sich der Regierungsrat des Kantons Wallis mit dem Anliegen an Walter Custer wandte, ihn bei der Umsetzung des neuen Gesetzes zu unterstützen, wurde mir diese Aufgabe übertragen. Ab sofort war ich beauftragt, ein kantonales Raumplanungsamt aufzubauen und im Kanton Wallis eine Methode für die Umsetzung des Gewässerschutzgesetzes zu entwickeln.

Der Kanton Wallis ist noch immer eine autonome Welt, voll von Komplexität und Widersprüchen; mit streitbaren Kühen, einer stillgelegten libyschen Erdölraffinerie, Touristenstädten, die wie Dörfer aussehen sollen, und wunderbaren alten Dörfern, die sich seit Jahrhunderten nicht verändert haben. Niemand konnte mir erklären, was meine Aufgabe war, und es war, was ich suchte, ohne das damals schon genau zu wissen.

Es zeigten sich erste Spuren eines neuen Bewusstseins der Einheit von Mensch und Natur. Man begann, das Spiel der Stadt als eine politische und kulturelle Aufgabe zu verstehen, in kleinen, vorsichtigen, hin und wieder aber auch dramatischen Schritten.

Schon nach wenigen Wochen wurde aus Theorie schlagartig Praxis. Im Fremdenverkehrsort Zermatt brach eine Typhusepidemie aus, weil das Trinkwasser verseucht war. Über das Dorf wurde eine Quarantäne verhängt. Das nicht funktionierende Abwassersystem war für die Bewohner lebensbedrohend geworden. Regierungsrat Ernst von Roten schickte mich nach Zürich, um die Eidgenössische Technische Hochschule um Hilfe zu bitten. Zwei Tage später saß ich bei Otto Jaag, dem ersten Direktor der Eidgenössischen Anstalt für Wasserversorgung, Abwasserreinigung und Gewässerschutz der ETH Zürich. Seine erste Frage war: „Wieso kommen Sie erst heute?" Auch *Der Spiegel* berichtete im März 1963 von dem Ereignis, das große Wellen schlug und eine Diskussion über die ungeklärte Herkunft des Bazillus in Gang setzte. Mit allen Mitteln der Überredung suchte der Kurdirektor Zermatts den Verdacht zu zerstreuen, ein Aufenthalt im Matterhorn-Dorf könne Unannehmlichkeiten mit sich bringen. Eher schon sei es denkbar, dass die Fremden ihrerseits Krankheiten mitbrächten.

Im Rückblick ist es für mich eine faszinierende Koinzidenz, dass meine erste Erfahrung in der Stadt- und Raumplanung mit einem derart dramatischen Ereignis verknüpft ist. Was damals als technisches Problem verstanden wurde, hat sich zur vielleicht zentralsten Aufgabe bei der Transformation der modernen Stadt gewandelt: die Wiederherstellung eines Bewusstseins für die Einheit von Stadt und Natur.

San Marco, Venedig
18. September 1978

KAPITEL 3: 1964–1978
ERFAHRUNG

„Learning by doing"

Im Wallis bekam ich die Möglichkeit, einem neuen Thema zu begegnen: der Raumplanung. Das Thema war damals in der Schweiz ganz neu. Es gab dazu keine Praxis und keine Theorie. Es gab auch keinen anerkannten Berufsstand. Präsent waren nur einige einsamen Heroen: Hans Marti oder Rolf Meyer-von Gonzenbach. Meine Arbeit für den Kanton Wallis war zu einem sich selbst schreibenden Lehrgang geworden. Aber so wie ich mit 14 Jahren beschlossen hatte, kein Kind mehr zu sein, kündigte ich 1964, mit 28 Jahren, meinen Arbeitsvertrag mit dem Kanton Wallis. Ich betrachtete meine „Ausbildung" als abgeschlossen.

S. 155

Ich ernannte mich zum „Experten", gründete ein „Büro für Raumplanung" und wurde zum Berater von Gemeinden und Städten zu diesem neuen Thema. Es schien, als ob die Welt auf mich gewartet hätte. Zusammen mit ein paar Freunden gründete ich einen neuen Berufsverband, den Bund Schweizer Planer. Ich schrieb dazu die Statuten und die Standesregeln und war zehn Jahre lang Obmann des Vereins.

Albert Steiner, dem in den Jahren der 68er-Bewegung die Arbeit an der Universität zu unruhig wurde, bat mich, seine Vorlesung an der ETH Zürich zum Thema Städtebau zu übernehmen. Damit begann eine lange Zeit des „Lernens" zu den Themen Raumplanung und Städtebau.

Das Interessanteste in dieser Zeit waren jedoch die Aufträge meines Büros. Auftraggeber waren immer politische Instanzen, mit ganz unterschiedlichen Eigenheiten:

–   Keine Ortsplanung war so einfach, wie die von Vals.
      Vor und hinter dem Dorf gab es einen Lawinenzug. Die

Höhenlage des Wasserreservoirs gab vor, wie weit die Bebauung hangaufwärts gehen konnte. Es gab keine wesentliche Möglichkeit, eine neue Straße zu bauen. Das Schulhaus war groß genug. Die einzige Diskussion kreiste um das Material für die Dächer. Sollten die traditionellen Steinplatten aus der Region für obligatorisch erklärt werden? Sie wurden obligatorisch.

– Bei der Ortsplanung von Frasnacht bestand der Gemeinderat aus vier Bauern – einem Gemüsebauern, einem Obstbauern, einem Viehbauern und einem Bauern im Ruhestand – sowie dem Schullehrer der Gemeinde, der das Protokoll führte. Die Abgrenzung des Baugebietes war von den Interessen der Landwirtschaft geprägt.

– Das Territorium des berühmten Skiorts Montana-Crans erstreckte sich über vier Walliser Gemeinden – Icogne, Lens, Montana und Chermignon. Sie hatten zusammen Bauland für über 300 000 Gäste ausgeschieden und dafür eine „zone de construction en fôret" in geschütztem Wald erfunden. Neben anderen Problemen trafen sich auch die örtlichen Straßen nicht an den Gemeindegrenzen. Der Staatsrat hatte die Gemeinden erfolglos aufgefordert, eine gemeinsame Ortsplanung in Auftrag zu geben. So wurde ich vom Staatsrat beauftragt, eine „Ersatzvornahme" auszuarbeiten. Jeder Gemeinderat war schließlich großzügig bereit, mir die wichtigen Probleme der Nachbargemeinde mitzuteilen. Der Staatsrat genehmigte dann unseren Vorschlag. Wir hatten ihn so restriktiv formuliert, dass die Motivation bei den Gemeinden groß war, später gemeinsam neue Ortsplanungen zu erstellen.

– Das Wachstum der Agglomeration Zürich hatte den Kanton Aargau erreicht. Zu einer der Entwicklungsachsen wurde das Gebiet zwischen Bremgarten an der Aare und Bergdietikon im Limmattal. Ich durfte das regionale Entwicklungskonzept und viele der Ortsplanungen betreuen. Was es politisch bedeutete, autonome Bauerndörfer zu Agglomerationsgemeinden umzuwandeln, zeigte sich ganz banal schon bei den Sitzungsterminen der Gemeinderäte. Traditionell hatten die Gemeinderäte der Bauerndörfer ihre Sitzung um 16 Uhr, bevor es Zeit war, sich um

die Kühe zu kümmern. Als dann die Ortsfremden im Gemeinderat die Mehrheit erreicht hatten, wurden die Sitzungen auf 18 Uhr
angesetzt.

–   Eine anspruchsvolle politische Aufgabe stellte sich mir in
    Bürserberg, ein Bauerndorf im Vorarlberg hoch oben über dem
    Tal, das sich zu einem attraktiven Skiort entwickelt hatte.
    Auch im Vorarlberg verlangte der Gewässerschutz ein Raumpla-
    nungsgesetz, das eine Ausscheidung der Baugebiete verlangte.
    Das war in der politischen Landschaft des Vorarlbergs mit ihrer
    ausgeprägten Streusiedlung ein schwieriges Unterfangen.
    Dazu kam die enorme kulturelle Bedeutung des Einzelhofes und
    eine Tradition der „Ferien auf dem Bauernhof". Ich musste
    eine Lösung finden, die dieser kulturellen Situation gerecht
    wurde: der rote Punkt. Jeder Hofbesitzer außerhalb des Bauperi-
    meters konnte diesen anfordern und erwarb sich damit das
    Recht, ein Nebengebäude für Touristen zu bauen.

Es war eine faszinierende Zeit des „Learning by doing" und meine Erfahrungen ermunterten mich zum Schreiben und Publizieren. Mein erster
politischer Artikel in der *Neuen Zürcher Zeitung* befasste sich mit der Raumplanung des damaligen Zürcher Stadtpräsidenten Sigmund Widmer. Er
wollte im Wald oberhalb des Quartiers Zürichberg eine über einen Kilometer lange „Waldstadt" bauen. Der Titel meines Artikels lautete „Städtebaulicher Rohrkrepierer".

Der Abschluss dieses Lebensabschnitts kam dann mit einem Telefonanruf
meines Bruders.

1971–1978
Meine siebente Reise – nach Afrika

Ich war in den Ferien in Saas Fee. Mein Bruder Max weckte mich mit sei-
nem Anruf aus dem Mittagsschlaf. „Mein Freund Jim aus Nigeria hat an-
gerufen. Sein Schwager ist zum Gouverneur von Imo State ernannt worden.
Imo State ist eine neu geschaffene Provinz im Osten von Nigeria mit fünf
Millionen Einwohnern. Er braucht sofort einen Stadtplaner, um die neue
Hauptstadt zu planen." Meine Ehe war vor Kurzem geschieden worden,

drei Kinder lebten bei meiner Frau, eines bei mir, ich war 35 Jahre alt, versuchte, mein Büro für Städtebau am Leben zu erhalten, für das es wegen der Wirtschaftskrise der frühen 1970er-Jahre immer weniger Arbeit zu geben schien.

Vier Wochen nach dem Anruf hatte ich den Vertrag unterschrieben. Geld schien keine Rolle zu spielen, und dass ich noch nie in Afrika gearbeitet hatte, auch nicht. Nachdem die Sezession des Volkes der Igbo vom Zentralstaat im Biafra-Krieg gescheitert war, hatte die nigerianische Regierung aus der ehemaligen East Central Province zwei Provinzen gebildet. Die südliche mit etwa fünf Millionen Einwohnern brauchte eine neue Hauptstadt. Für die Igbos war dieses Projekt von großer politischer Bedeutung. Mit ihm wollten sie nach dem verlorenen Krieg ihre Identität, Kompetenz und Kreativität dokumentieren. Drei Großfamilien aus Owerri hatten sich zusammengetan und 73 Quadratkilometer Land für den Bau der neuen Stadt als Geschenk angeboten. Aus diesem Grund wurde Owerri als Sitz der neuen Hauptstadt ausgewählt, ein Marktflecken mit etwa 30 000 Einwohnern, dort, wo die Igbo im Biafra-Krieg den letzten Widerstand geleistet hatten.

S. 155

Die einzigen Ausländer, denen ich bei meiner ersten Reise nach Owerri begegnete, war eine kleine Gruppe von Amerikanern. Neben einem großen Lastwagen hatten sie eine Richtstrahlantenne aufgebaut und saßen mit großen Kopfhörern im Turnus in ihrer Maschine, um Owerri über einen Satelliten mit der Welt zu verbinden. 12 000 Beamte mit je einer Familie von fünf Personen, dazu zwei Arbeitsplätze im Bereich der Dienstleistungen pro Beamten, das entsprach 200 000 neuen Einwohnern, die darauf drängten, sofort nach Owerri umziehen zu können. In was für eine Stadt?

Damit war ich mit der lokalen Welt konfrontiert, einer in den Menschen tief verankerten Tausende von Jahren alten Kultur mit ihren Werthaltungen und Symbolen. Es schien mir hilfreich, eine Planungskommission zu bilden, die meine Vorschläge prüfen und mich auf kulturelle Aspekte aufmerksam machen sollte. Als ich damals meinen Auftraggeber, Ogbonna Ukelonu, den zuständigen Minister für den Bau der neuen Hauptstadt von Imo State, nach der Bedeutung lokaler Traditionen befragte, sagte er mir: „They will talk to you about African identity. Forget about it. Look at me. I wear an English suit and a French necktie. The fashion is the same all over the world. We want a town like Paris or London." („Sie werden mit dir über unsere afrikanische Identität reden wollen. Vergiss es. Schau mich an. Mein Anzug

kommt aus England und meine Krawatte aus Frankreich. Heute ist die Mode
in der ganzen Welt dieselbe. Wir wollen eine Stadt wie Paris oder London.")

Keiner der Mitglieder der Kommission sprach je von afrikanischer Identität.
Die Professoren der Universität wollten mit mir nach Chandigarh, die Minister freuten sich auf eine Reise nach Brasília, der General gab mir ein
Dossier über den Ausbau seiner Kasernen, das mit „Top Secret" gestempelt
war, in der katholischen Kirche wurde für „unsere armen Brüder und
Schwestern in Süditalien" gesammelt. Keiner erwähnte mit einem Wort
seine „Identität", obwohl die Zeitungen voll von Berichten über die Präsenz
von Baumgeistern und Zauberern waren. Über die Zeit hinaus gerettet haben sich die Frisuren der Frauen. Sie tragen ähnliche Haartrachten wie vor
tausend Jahren. Bei den Männern hingegen sind die Haare unter westlichen
Kopfbedeckungen verschwunden.

An einem Sonntagmorgen war ich dann bei dem Chief eines der Clans von
Owerri eingeladen. Die Person in Frauenkleidern neben ihm war ein Mann,
der als seine offizielle Frau auftrat. Er hatte sie von seinem verstorbenen
Vorgänger übernommen. Dessen Frauen hatten sich nicht einigen können,
wer diese Funktion wahrnehmen durfte. Vor vielen Jahren hatte er sich
deshalb entschieden, seinen Freund John damit zu betrauen. Diese Episo-
de prägte sich mir ein, als erste Begegnung mit der magischen Welt von
Owerri.

S. 155

Wir trafen uns in einer banalen Siedlung am Rande des alten Owerri. Aus
der Luft erkennt man noch die alte „Heimat", ein kreisförmiges Dorf. in
dessen Mitte befand sich der Versammlungsplatz der Clans. Dort wurde
unter der Leitung des Chiefs auch über die Zuordnung des Landes disku-
tiert und entschieden. Wie Tortenschnitten wurden an die einzelnen Familien Parzellen verteilt. Man sagte mir, dass immer wieder, je nach Bedarf,
deren Breite den Bedürfnissen der einzelnen Familien angepasst werde. Es
gab keinen individuellen Grundbesitz. Das Land gehörte dem Clan.

Im Bewusstsein der Clans war das Land noch heilig, so wie es über einen
anderen Teil der Welt in der berühmten Rede des nordamerikanischen In-
dianerhäuptlings Chief Seattle überliefert ist. Er soll 1855 nach Washington
gereist sein, um einen Brief des Präsidenten der Vereinigten Staaten zu
beantworten, in dem er vorschlug, dem Indianerstamm der Duwamish ihr
Land abzukaufen: „Meine Worte sind wie die Sterne, sie gehen nicht unter.

Jeder Teil dieser Erde ist meinem Volke heilig, jede glitzernde Tannennadel, jeder sandige Strand, jeder Nebel in dunklen Wäldern, jede Lichtung, jedes summende Insekt ist heilig, in den Gedanken und Erfahrungen meines Volkes. Der Saft, der aus den Bäumen steigt, trägt die Erinnerung des roten Mannes. [...] Wir sind ein Teil der Erde und sie ist ein Teil von uns. Die duftenden Blumen sind unsere Schwestern, die Rehe, das Pferd, der große Adler sind unsere Brüder."

In Owerri wurde die alte magische Verbindung zur Erde jedoch infrage gestellt. Ein Paradigmenwechsel hatte stattgefunden, das „Dorf" wurde zur „Stadt". Der Chief wohnte nicht mehr in der Mitte, sondern in irgendeinem Haus. Wahrscheinlich würde es auch den „Chief" bald nicht mehr geben.

S. 156

Aber dann las ich in der örtlichen Tageszeitung *Daily Star* von der „DEATH BRIDGE". Wir hatten über den Njaba River eine Brücke gebaut und dabei versäumt, den „NJABA RIVER 'GOD'" angemessen zu begrüßen. Dies soll der Grund für die zahlreichen Abstürze von Lastwagen ins Flussbett gewesen sein. Dass der Redakteur „GOD" in Anführungszeichen gesetzt hatte, lässt auf eine gewisse Unsicherheit schließen, wer dieser „GOD" wohl sein könnte.

S. 156

In Owerri erlebte ich die aggressive Präsenz eines neuen, modernen Bewusstseins, das die alte Magie in den Untergrund verdrängte. Das Bewusstsein einer neuen Zeit beanspruchte die Alleinherrschaft. Noch waren aber seine alten Schichten nicht ausgelöscht, sondern wurden von der europäischen „aufgeklärten" Kultur und ihren heiliggesprochenen Religionen gewaltsam verleugnet.

Wir diskutierten über den Standort des Fußballstadiums: Ich schlug den Stadtrand vor. „Hast du jemals Fußball gespielt? Anscheinend nicht. Das Stadion muss mitten in der Stadt sein!", sagte der Gouverneur und zeigte auf einen Platz neben seiner Residenz. „Sie wollen doch nicht jeden Samstagnachmittag 60 000 Leute neben ihrer Residenz haben?", gab ich zu bedenken. Die Antwort auf meine Frage war ein Auftrag: „Wenn meine Mannschaft in Owerri spielt, bin ich doch im Stadion und nicht zu Hause!" Auch das Konzept für das Quartier, in dem die Häuser für die Minister gebaut werden sollten, war nicht durchdacht. „Es hat ja nur eine Ausfahrt! Das ist eine Mausefalle. Wir brauchen mindestens drei!"

Nach einem Jahr wurde der Masterplan für die neue Stadt genehmigt. Die Regierung beschloss, nach einem Besuch in Brasília eine Owerri Capital Development Authority (OCDA) zu bilden. Von ihr erhielt ich den Auftrag, den Bau der neuen Stadt zu leiten. Wir bauten Straßen, Entwässerungen, Kanalisationen und Straßenbeleuchtungen nach inzwischen globalen Standards.

S. 156

Es folgte der Auftrag, das Verwaltungsgebäude für die OCDA zu bauen. Wir versuchten, das Lokale in den Entwurf einzubringen: eingeschossig, mit Querlüftung, richtig nach der Sonne ausgerichtet, mit weit auskragenden Vordächern, aus einheimischem Holz und mit bepflanzten Innenhöfen. Nach der Fertigstellung des Gebäudes wurde ich zum Minister zitiert: „Hast du noch nie eine europäische Fachzeitschrift über Architektur angesehen? Das ist doch eine Baracke und nicht ein Ministerium!" Aus diesem ständigen Widerspruch schien es nur einen Ausweg zu geben: Ich verzichtete auf Versuche, eine neue Wohnbaupolitik zu initiieren, und weigerte mich, das Fußballstadion zu projektieren. Ich bemühte mich darum, das gut zu machen, was in jedem Fall gemacht werden musste. Es ging darum, auf möglichst robuste und ökonomische Art und Weise eine städtische Infrastruktur zu erstellen, die für die Bewohner von Owerri rasch und dauerhaft funktionstüchtig war.

S. 156

S. 157

Nur der Sportminister gab nicht auf: „Ich war viele Jahre der nationale Sportminister und kenne alle großen Fußballstadien in Europa. Das Stadion für unsere Hauptstadt musst du für uns entwerfen, da du diese ja auch kennst. Ich weiß genau, was ich will: Der Eingang wie beim Olympiastadion in Berlin, die Tribüne wie beim Stadium von Stuttgart, das Feld wie das von Lazio Roma und die Garderoben wie die vom Crystal Palace in London. Alles klar?" Auch die Infrastruktur war von den lokalen Gegebenheiten geprägt: Johannis van Dijk, mein Verkehrsingenieur, bekam dies deutlich zu spüren. Die für die Stromversorgung zuständige Nigerian Electrical Power Authority, abgekürzt NEPA, genoss einen schlechten Ruf. NEPA stand im Volksmund für „Never Expect Power Always". Er schlug deshalb vor, an Straßenkreuzungen auf elektrisch betriebene Ampeln zu verzichten und dafür sogenannte „erweiterte Kreuzungen" zu bauen. Die Regierung jedoch traute ihren Bürgern nicht und stellte an jeder der vier Kreuzungen einen Polizisten auf. Das schien gut zu gehen, bis das Gras in der Mitte der Anlage so hoch gewachsen war, dass die Polizisten sich nicht mehr sehen konnten. Auf den Bau von neuen „erweiterten Kreuzungen" haben wir verzichtet.

Nach vier Jahren war die Infrastruktur erstellt, unser Auftrag abgeschlossen. In der Schweiz herrschte eine Wirtschaftskrise. Die Wachstumseuphorie war kollabiert. Die Gemeinden und Kantone glaubten, auf weitere Planungen verzichten zu können. Ich überlegte mir, ob ich in Westafrika ein Büro eröffnen und meinen Wohnsitz dorthin verlegen sollte. Es kam anders.

Architektur – Städtebau – Raumplanung

Mein Leben ist ein „Lehrpfad": Er führt vom Einfachen zum Komplexen, vom Linearen zum Polaren, vom Archaischen zum Integralen. So war es auch in beruflicher Hinsicht: Der erste Teil des Pfades lag im Bereich der Architektur, dem Umgang mit den einzelnen Bausteinen der Stadt. Die zweite Erkundung galt der Raumplanung, der zweidimensionalen Ordnung der Bausteine. Das dritte Thema war dann der Städtebau, das große Spiel der Stadt, in dem Architektur, Städtebau und Raumplanung zu gleichberechtigten Partnern werden.

Dafür besuchte ich einen Vorkurs. 1970 verlangten unruhige Architekturstudenten eine Aussprache mit dem Rektor der ETH-Zürich. Diese lief dann etwas aus dem Ruder, und der Rektor verließ fluchtartig sein Büro. Die Studenten nutzten die Gelegenheit, um die Mappe des Rektors mitlaufen zu lassen. Darin waren alle Dokumente zur etwas unflexiblen Haltung des Rektors und seiner Strategie zur Repression der rebellischen Architekturstudenten enthalten. Albert Steiner, ehemaliger Stadtbaumeister von Zürich und damals Professor der Architektur an der ETH, war des Laufs der Dinge überdrüssig und bat mich, seine Vorlesung zum Thema Städtebau zu übernehmen. Ich hatte zwei Monate Zeit, um mich auf diese Aufgabe vorzubereiten. Aus seinen Vorlesungen waren mir nur seine Bilder zu den New Towns in England in Erinnerung geblieben: Welwyn, Stevenage, Cumbernauld und Milton Keynes.

Deren Geschichte erschien mir ein geeigneter Einstieg auch für meine eigene Vorlesung zu sein. So fuhr ich nach England, um an aktuelle Bilder der New Towns zu kommen. Am Ende der Reise suchte ich in London vergebens nach den Büros der für die New Towns zuständigen Behörde. Schließlich erklärte mir ein freundlicher Beamter, dass diese aufgelöst worden sei. Die Idee der New Towns habe sich nicht bewährt. Um Londons Wachstum zu begegnen, hätten sie jetzt eine andere Strategie, nämlich die sorgfältige

Santorini 6.10.76

städtebauliche Erweiterung bestehender Städte in der Agglomeration. Sie nannten das Verfahren „Expanded Towns". Ich lernte, dass die Betreuung der Transformation der vorhandenen Stadt die wichtigere Aufgabe ist, als die Erfindung neuer Städte.

Diese Erkenntnis wurde nicht nur zum zentralen Thema meiner Vorlesung, sondern war später auch für die Arbeit in Owerri bestimmend. Ich hatte Architektur studiert und dabei gelernt, wie man Häuser baut; von der Stadt hatte jedoch niemand gesprochen. Erst die Praxis im Kanton Wallis hatte mich an das Thema Raumplanung herangeführt. Jetzt sollte ich nicht ein Haus bauen oder einen Raum organisieren, sondern eine Stadt bauen. In der Schweiz gab es zu diesem Thema weder Literatur noch praktische Erfahrungen. Also fuhr ich nach der Unterzeichnung des Arbeitsvertrags in Owerri noch einmal nach England, diesmal zog es mich in eine Fachbuchhandlung. Nach kurzer Suche fand ich, was ich brauchte: Ein Handbuch mit dem Titel Masterplan, auf Deutsch Städtebauliches Konzept.

So fügten sich zwei Reisen nach England quasi in Afrika zusammen: Mit Owerri wurde eine bestehende kleine Stadt Hauptstadt einer Provinz mit acht Millionen Einwohnern. Hätte man einfach an der alten Stadt weitergebaut wie bisher, wäre es unmöglich geworden, die neue Identität einer Hauptstadt zu entwickeln. Für den Aufbau einer völlig neuen Stadt fehlte jedoch die Zeit, sechs Monate nach dem Entscheid für diesen Standort war die Regierung bereits in der alten Stadt Owerri eingezogen. Für die Umsetzung des Entscheides brauchte es Raumplanung, Städtebau und Architektur. Die sinnvolle Variante war ein neues Stadtquartier in enger Verbindung mit der bestehenden Stadt.

S. 157

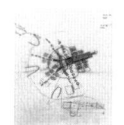

S. 157

S. 158

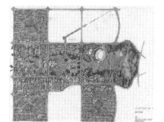

S. 158

KAPITEL 4: 1978–1992
VERANTWORTUNG

1978
Von der Beratung zur Verantwortung

Rudolf Steiner, der Begründer der Anthroposophie, schrieb von den großen Lebensrhythmen, den Abschnitten von sieben, respektive 14 Jahren. Es fasziniert mich, wie das für mein Leben zutrifft: Mit 14 Jahren beschloss ich, kein Kind mehr zu sein. Mit 28 Jahren hatte ich meine Ausbildung beendet und ein eigenes Büro gegründet – mich zum Experten ernannt. Mit 42 Jahren war Basel am Telefon. Regierungsrat Eugen Keller rief mich an. Ich sei ihm als Kandidat für den Posten des Kantonsbaumeisters vorgeschlagen worden. Nach einem Gespräch in seinem Büro am Münsterplatz ersuchte er mich um eine von Hand geschriebene Bewerbung. Daraufhin wurde ich von der Regierung des Kantons Basel-Stadt zum Kantonsbaumeister gewählt.

Institutionell war das Hochbauamt für den Unterhalt und die Erneuerung aller bestehenden Gebäude des Kantons und für die Projektierung der Neubauten, vom Kindergarten bis zum Universitätsspital, zuständig. Hans Luder, mein Vorgänger als Kantonsbaumeister, hatte von 1960 bis 1972 in Basel mit viel Engagement große Häuser gebaut: die Sporthalle, das Kantonsspital oder das Stadttheater. Sehr bald wurde mir bewusst, dass ich meinen Auftrag über das Technische hinaus erweitern musste. Ich kannte das Wort damals noch nicht: Ich musste und durfte mich um die „Baukultur" der Stadt kümmern. Dazu war ein übergreifendes Wissen und Können in Architektur, Städtebau und Raumplanung unerlässlich.

In Basel war ein kultureller und politischer Krieg im Gang. Es gab zwei unvereinbare Dogmen, die sich als autonome Wahrheiten verstanden. Auf der einen Seite agierten die radikalen Modernisierer, die sich, angeführt von den Vertretern der technischen Fachvereine, auf einen von ihnen entworfenen Gesamtplan beriefen. Diesen hatte der Grosse Rat 1956 beschlossen,

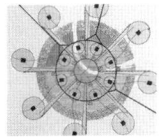

S. 159

mit einem vierspurigen Cityring um die Altstadt herum und einer neuen sogenannten Talentlastungsstraße, die den Abbruch von wesentlichen Teilen der Altstadt nötig gemacht hätte. Zwischen Bahnhof und Altstadt waren einige hundert Meter des Cityrings gebaut worden, mit einer langen, dunklen Unterführung als Zugang zum Centralbahnhof. Die „Neuen" wollten unter dem Münster ein Parkhaus bauen und kreuzungsfreie Autobahnen durch die Stadt führen. Für die „Alten" bedeutete jeder Abbruch eines alten Hauses einen Verlust. Auf ihren Wahlplakaten prangte der Schriftzug „sozial statt Beton". Der Architekt Rolf Keller nannte die von ihm gebaute Siedlung „Seldwyla" und schrieb ein Buch mit dem Titel *Bauen als Umweltzerstörung – Alarmbilder einer Un-Architektur der Gegenwart*. Der puristische Anspruch der Moderne auf eine spezifische Stadtgestalt ließ in den 1980er-Jahren in einer beinahe allergischen Reaktion eine radikal andere, ebenso „moderne" Werthaltung entstehen; eine Werthaltung, die sich mit der Gegenposition profilierte: Jeder Eingriff in die gewachsene Stadt wurde als ein Verlust verstanden.

S. 159

Beide Positionen standen sich in Basel unverträglich gegenüber, und ich musste die Integration der sich widersprechenden Dogmen erreichen. Es war unerlässlich, Akzeptanz für die Tatsache zu erreichen, dass die Stadt immer eine Polarität zwischen zu viel und zu wenig Veränderung aufweist. **Jede Stadt muss immer wieder Neues integrieren, um ihre Vitalität zu erhalten. Sie muss aber auch immer wieder ihre Kontinuität pflegen, damit die Bewohner der Stadt nicht heimatlos werden.** Im Bild des Pharaos als Wagenlenker hat die ägyptische Kultur dafür ein eindrückliches Symbol gefunden: Für Kontinuität soll die Veränderung kontrolliert werden, für Veränderung muss beschleunigt werden. Mit der Peitsche werden die Pferde angetrieben, mit dem Haken werden sie zurückgehalten. Bei den modernen Pferdestärke-Wagen sind dies jetzt das Gas- und das Bremspedal.

S. 159

Ich veranstaltete Architekturwettbewerbe für Baulücken in der Altstadt, auf Grundstücken, die Eigentum der Stadt Basel waren. Es musste eine neue Architektursprache als Ausdruck unserer Zeit gefunden werden, die auch den historischen Kontext der alten Stadt respektierte. Das Neue musste sich integrieren, das Alte musste sich mit dem Neuen anfreunden. **Ich nannte es „Architektur mit respektvoller Kreativität".**

Wir sanierten über 40 historische Häuser, die für die geplanten Straßenbauten abgerissen worden wären. Nach kurzer Zeit begann sich ein Bewusstsein für die Bedeutung der Polarität für die Transformation der Stadt zu bilden. Es war unbestritten, dass immer wieder gesellschaftspolitisch abzuwägen war, wie viel Kontinuität und wie viel Veränderung zulässig oder nötig waren. Es entstand eine Baukultur im Umgang mit der vorhandenen Stadt. Exemplarisch hierfür war das Projekt für die Sanierung des Gebäudes Spalenberg 12. Das Haus wurde 1247 zum ersten Mal erwähnt. Im sogenannten Kaisersaal des Hauses empfing man 1563 den deutschen Kaiser Ferdinand I. Dieser Saal im ersten Obergeschoss wurde zum Kernpunkt der Sanierung. Er umfasste den ganzen Umfang des Gebäudes. Eine einzige Holzstütze in der Mitte des Saales musste die Lasten im Innern des Hauses nach unten führen. Wir wollten in den oberen, nicht genutzten Räumen Wohnungen einbauen. Die Lasten mussten durch den Kaisersaal und unten an den beiden Kleintheatern Fauteuil und Tabourettli vorbeigeführt werden. Der beauftragte Bauingenieur war überfordert. Einer meiner Mitarbeiter hatte bei Santiago Calatrava gearbeitet. Er meinte, dieser könnte helfen, und so war es dann auch. Die Treppe zum oberen Theater wurde zur Tragkonstruktion und zum Kunstwerk. Radikal Neues wurde eingebracht, um Altes zu erhalten, mit Kreativität und Respekt.

„Heimat" darf sich nicht ausgrenzen, muss aber ihre Ansprüche anmelden. „Neues" darf sich zeigen, hat dabei aber die alte kulturelle Prägung des Gewachsenen ernst zu nehmen. Beim Bau des 180 Meter hohen Roche-Turms in Basel, der nicht draußen am Stadtrand steht, sondern sich in das Gewachsene hineindrängt, wird dieser Kontrakt gebrochen.

Der Konflikt zwischen „Heimatbindung" und „ortsfremder Autonomie" in Architektur und Stadtplanung war allgegenwärtig.

Im Herbst 2017 erschien in einer großen Schweizer Zeitung ein Artikel über Peter Zumthor. In diesem wurde die Frage nach der Bedeutung seiner Architektur gestellt: „Soll sie Heimat sein? [...] Hoffentlich nicht. Das würde den Intellekt langfristig einschläfern."

Daraufhin schrieb ich einen Leserbrief: „Ich halte Peter Zumthor für einen der wichtigsten Architekten unserer Zeit: Weil er Heimat schafft, für Menschen von heute, die sich nach der Diktatur der Rationalität der Moderne wieder nach Sinnlichkeit, Emotionalität und Spiritualität sehnen. C. G. Jung hat es so formuliert: ‚Die Reaktion, die im Abendland gegen den Intellekt zugunsten des Eros oder zugunsten der Intuition einsetzt, kann

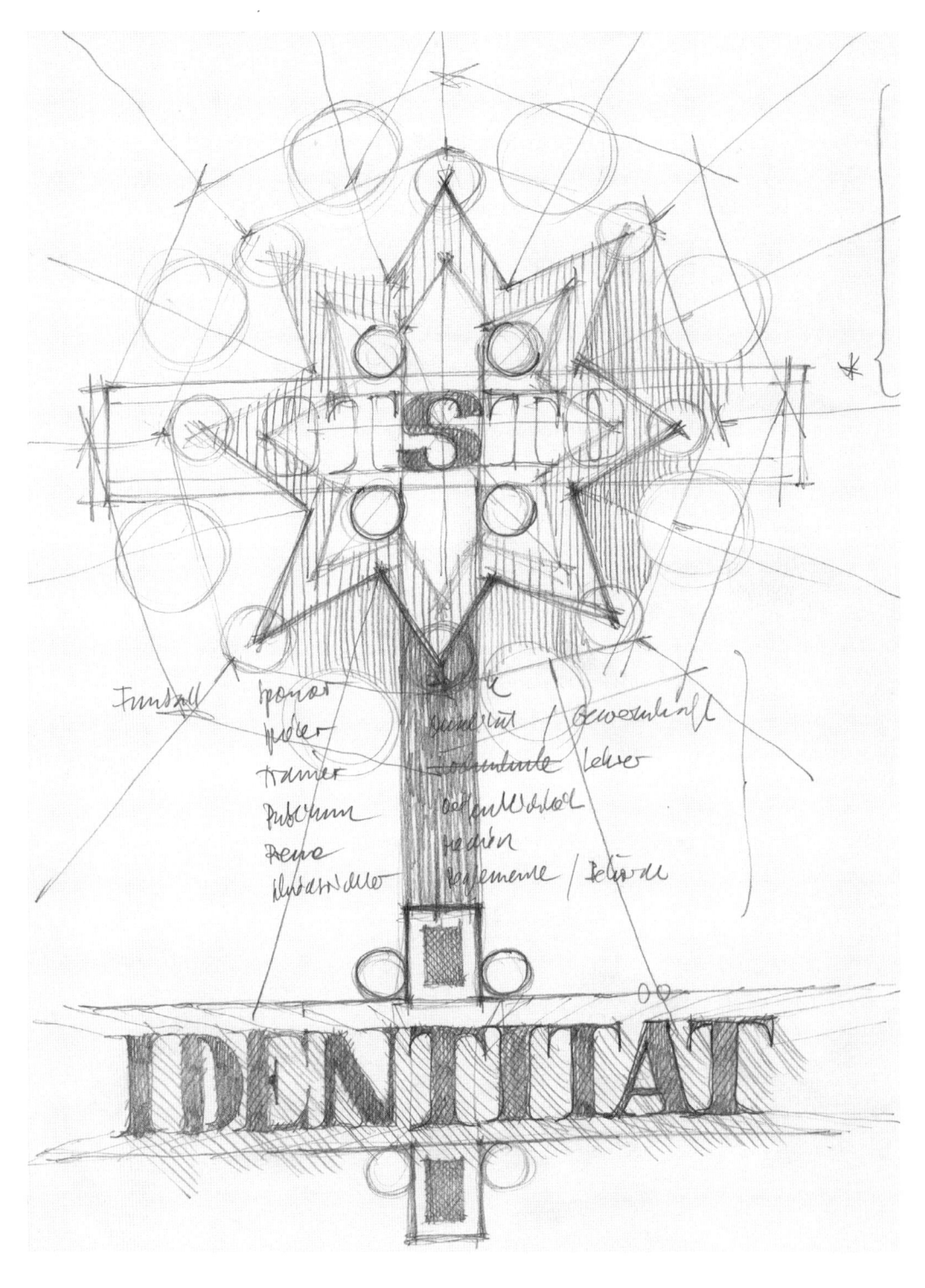

ich nicht anders denn als Zeichen des kulturellen Fortschritts betrachten, eine Erweiterung des Bewusstseins über die zu engen Schranken eines tyrannischen Intellektes hinaus.' Wenn unsere Städte wieder Orte werden sollen, in denen die Menschen sich zuhause fühlen, brauchen wir mehr als nur unseren Intellekt. Ich bin Peter Zumthor dankbar, dass er uns mit seinen wunderbaren Bauten zeigt, wie es gelingen könnte."

Mein Leserbrief wurde nicht publiziert. Ich fragte bei der Redaktion nach den Gründen und wurde in der Folge eingeladen, einen Artikel zum Thema „Heimat" zu schreiben. Anlässlich der Verleihung des Großen Preises des Bundes Deutscher Architekten hatte Peter Zumthor den anwesenden Architekturstudenten empfohlen: „Bauen Sie so, dass es ihrer Mutter gefallen würde." Diesen Satz griff ich in meinem Artikel auf, um aus meiner Sicht darzulegen, welche zentrale Bedeutung der Polarität von Veränderung und Kontinuität für die moderne Stadt zukommt:

„[...] Sie [die Stadt] braucht Veränderung, Neues und Unbekanntes. Wenn das nicht geschieht, wird sie zum Dorf, in dem alles bleibt, wie es ist, wo Fremdes zur Bedrohung wird. Die Stadt braucht Kontinuität – oder ,Heimat'. Ist die Veränderung zu radikal, findet der Mensch den Weg nach Hause nicht mehr, wird ,heimatlos'. Die ,Erinnerung' geht verloren oder man versteht sich nicht mehr. Die biblische Geschichte vom ,Turmbau zu Babel' berichtet von dieser Sprachverwirrung. Auch der Künstler Pieter Bruegel hat neben dieser auch die andere Seite der Polarität in Dorfbildern festgehalten, in denen nur noch alte Bräuche zelebriert werden. [...]"

S. 160

S. 160

Auch dieser Text wurde nicht publiziert. Wenn Peter Zumthor den Studenten empfiehlt, die „Mutter" ernst zu nehmen, ist das für mich kein neues Dogma, sondern die Empfehlung, sich bei der Betreuung der städtischen Transformation der Polarität von Kontinuität und Veränderung zu erinnern. Das entspricht nicht zuletzt auch der Grundessenz der taoistischen Philosophie, die im Yin und Yang zum Ausdruck kommt. Es geht nicht um Richtig oder Falsch, sondern um Zuviel oder Zuwenig. Eine Abwägung kann nicht mit Grenzen arbeiten. Die Pole müssen immer wieder austariert werden. Damit führen sie zu einer Freiheit, einem Spiel, bei dem es nicht nur Gewinner und Verlierer gibt, in dem aber jeder Einzelne zum Mitspieler werden kann.

S. 160

1963/1977
Die Seele einer Stadt

Wir waren oben auf einer Alpweide im Val de Bagnes: Maître Quinodoz, der schlaue Rechtsberater der Regierung des Kantons Wallis, mein wichtiger Freund, der Architekt Jakob Zweifel, der dort eine Ferienhaussiedlung planen sollte, und der Gemeindepräsident. Es ging um die Verträglichkeitsprüfung eines Projektes auf der Alp. Nachdem dieses Thema behandelt war, wurde vor einer Alphütte eine Flasche Fendant geöffnet, und der Gemeindepräsident erzählte von einer überraschenden Begegnung. Da sei vorgestern ein Mann mit einem großen Schnurrbart bei ihm gewesen. Der habe das vier Meter große Umlenkrad des alten Skilifts kaufen wollen. Er habe es ihm geschenkt, vorausgesetzt, dass er es abtransportiere. Was er denn mit dem Rad machen wolle, habe er ihn gefragt. Er baue eine „Maschine" für die EXPO in Lausanne. Jetzt steht Jean Tinguelys „Heureka" in einem Stadtpark unten am Zürichhorn und klappert immer wieder vor sich her.

1977, 14 Jahre später, kam es nochmals zu einer Begegnung mit einem Werk von Jean Tinguely, als ich zu einem Gespräch für die Stelle des Kantonsbaumeisters in Basel eingeladen war. Nach dem Gespräch ging ich zum Mittagessen in den Garten des Restaurants der Basler Kunsthalle, direkt neben dem Brunnen von Jean Tinguely. Ich war von der Präsenz dieser Inszenierung im Zentrum der Stadt fasziniert. Mit Humor und Zuwendung wurde mit den Überresten des alten Theaters gespielt. Ich dachte mir, wenn dies eine Reflexion des Basler Seele ist, müsste es wunderbar sein, in dieser Stadt arbeiten zu dürfen, und zum Glück ist es auch gelungen.

In meiner Heimatstadt Zürich hat sich mir eine andere „Seele des öffentlichen Raums der Stadt" gezeigt: Vor dem Hauptbahnhof dominiert die monumentale Statue von Alfred Escher den Eingang zur Bahnhofstraße. Er gründete 1856 die Schweizerische Kreditanstalt, um den Bau des Gotthardtunnels zu finanzieren. Etwas weiter oben steht der gute Mann Johann Heinrich Pestalozzi, der erste Waisenvater der Schweiz. Die Bahnhofstraße endet mit einer Statue von Ganymed, des „Schönsten aller sterblichen Männer", der von Zeus auf den Olymp entführt wurde. Und auch an der Brücke, die das Grossmünster mit dem Fraumünster verbindet, stehen nur Männer: Auf der linken Flussseite reitet auf einem hohen Sockel Bürgermeister Hans Waldmann. Er war wie Alfred Escher in seiner Zeit einer der reichsten Schweizer. 1489 wurde er wegen seines exzessiven Machtanspruches von den Bürgern der Stadt hingerichtet. Auf der anderen, rechten Flussseite, im Schatten der Wasserkirche, steht Huldrych Zwingli, der erste Reformator der Schweiz, ebenfalls in einem martialischen Auftritt mit Helm und Schwert. Er verlor 1531 in der Schlacht von Kappel am Albis gegen die katholischen Innerschweizer sein Leben. Fünf heroische Männer aus der Vorgeschichte der Stadt prägen das Bild der Innenstadt.

Die Kunstwerke im Zentrum von Basel sprechen eine andere Sprache: Anstatt heroischer Männer sind es geduldige Frauen. Am Grossbaslerufer der Mittleren Brücke hat eine jugendliche Amazone ein Pferd gebändigt. Gegenüber, auf der anderen Seite der Mittleren Brücke am Kleinbasler Ufer, sitzt eine müde Helvetia. Sie hat Schild und Speer abgelegt und scheint nicht mehr zu wissen, was getan werden sollte. Auf dem Weg hinauf zum Münster ist an einer Brandwand das Gänseliesel porträtiert, die vertausche Königstochter aus dem Märchen der Gebrüder Grimm.

Als Kantonsbaumeister durfte ich 14 Jahre lang in der Kunstkreditkommission diese „Reflexion der Basler Seele" im öffentlichen Raum der Stadt begleiten. Der Bildhauer Ludwig Stocker hat in meiner Zeit in Basel in der Basler Innenstadt das mich am tiefsten ansprechende Kunstwerk geschaffen. Es war 1991 ein Geschenk der Drei Ehrengesellschaften an die Stadt Basel zum 600-jährigen Jubiläum der Vereinigung von Klein- und Grossbasel. Die drei alten Männer, Ehrenzeichen von Kleinbasel, der Wilde Mann, der Leu und der Vogel Gryff, wurden im Rhein versenkt und werden nur bei seltenem Niedrigwasser sichtbar. Der Schweizer Künstler Ludwig Stocker schrieb dazu: „Der nicht mehr verstandene Mythos und deswegen in einem gewissen Sinne auch tote Mythos war dem lebendigen, mythisch eng verwandten Element, dem fliessenden Wasser zur Aufbewahrung übergeben." Für die „Seele" von Basel begeisterte mich die Bereitschaft der Drei Ehrengesellschaften, diese Sicht der Dinge anzunehmen.

Die Evolution des Bewusstseins oder Die Epochen der Stadt

Als ich in Basel ankam, erhielt ich eine wunderbare Wohnung in der Altstadt. Gegenüber meiner Haustür lag das Schaufenster der Buchhandlung Sphinx von Dieter Hagenbach. Darin – an vorderster Stelle – lag das Buch *Ursprung und Gegenwart* von Jean Gebser. Neben *Halbzeit der Evolution* von Ken Wilber, *Die Kraft der Mythen* von Josef Campbell und C. G. Jungs Biographie *Erinnerungen, Träume, Gedanken* wurde *Ursprung und Gegenwart* zu einem der Bücher, in denen ich die meisten Textstellen unterstrichen hatte.

Ken Wilber bezieht sich in seinem revolutionären Werk zur Geistesgeschichte und der Evolution des Bewusstseins immer wieder auf Jean Gebser. Im Vorwort bezeichnet er ihn als große Autorität für die Einteilung von Entwicklungsepochen des menschlichen Bewusstseins. Ich war auf dieses Buch neugierig geworden und plötzlich – als sei dies ganz selbstverständlich – wurde es mir angeboten. Jean Gebser identifiziert vom Ursprung des Menschen bis zur Gegenwart fünf große strukturelle Paradigmen des menschlichen Bewusstseins: Die archaische, die magische, die mythische, die mentale und die integrale Struktur. Er zeigt, wie sich das Bewusstsein des Menschen von Epoche zu Epoche grundlegend verändert hat:

Struktur	Raum- und Zeitbezogenheit		
	Dimensionierung	Perspektivität	Betontheit
Archaisch	null-dimensional	keine	vorräumlich / vorzeithaft
Magisch	ein-dimensional	vor-perspektivisch	raumlos / zeitlos
Mythisch	zwei-dimensional	un-perspektivisch	raumlos / naturzeithaft
Mental	drei-dimensional	perspektivisch	raumhaft / abstrakt zeithaft
Integral	vier-dimensional	aperspektivisch	raumfrei / zeitfrei

Mich interessiert die Übertragung dieses Konzeptes auf die Stadt. Was für das Bewusstsein des Menschen gilt, das trifft auch für das Wesen der Stadt zu. Die Verknüpfung von Bewusstheit und Raumverständnis ist ein Thema, das vor Jean Gebser nur sehr selten vertieft wurde und im Diskurs über die Stadt bis heute fast vollständig fehlt.

Platon berichtete als Erster von der Transformation des menschlichen Bewusstseins von einer zweidimensionalen in eine dreidimensionale Sicht der Welt und verwendete dazu das Bild der Höhle: „Wir werden [...] aufgefordert, uns eine Menschenrasse vorzustellen, deren Angehörige in einer unterirdischen Behausung angekettet sind, und zwar so, dass sie die Augen niemals irgendwo anders hinrichten können als auf die Höhlenwand vor ihrer Nase. Hinter diesen Menschen befindet sich eine niedrige Mauer und noch dahinter ein Feuer. Auf der Mauer bewegen sich Gegenstände hin und her und werfen Schatten an die Höhlenwand. Die Gefangenen glauben, diese Schatten seien die einzige und ganze Wirklichkeit. Sie merken nicht einmal selber, dass sie dreidimensionale Körper haben."

S. 160

In der Physik ist es in der Zeit jenseits der Moderne selbstverständlich geworden, dass sich der Raum zu einem wesentlich komplexeren Phänomen erweitert, wenn er die Zeit integriert. Albert Einstein illustriert dies mit seinem Bild des fahrenden Eisenbahnzuges, in den an beiden Enden ein Blitz einschlägt: Die Wahrnehmung der Blitze als gleichzeitig ist relativ und hängt davon ab, ob der Beobachter den Zug von außen sieht oder sich in ihm befindet.

Ich konnte jeder Bewusstseinsepoche eine Siedlungsform zuordnen: In Nigeria bin ich dem magischen, in Ägypten und in China dem mythischen, in Europa dem mentalen und in neuester Zeit dem integralen Bewusstsein der Menschen und ihrer Stadt begegnet.

In der archaischen Epoche kannte sich der Mensch selbst noch nicht. Er lebte unbewusst als Teil der Natur in einem nulldimensionalen Raum und hinterließ nur einige wenige versteinerte Knochen und anonyme Spuren von Füßen; leere Vertiefungen, die von Menschen in die Erde gedrückt wurden. Dann beginnen sich die ersten von Menschen geschaffenen Bilder zu zeigen, die von bewusstem Handeln berichten, in Höhlen und Felsunterständen.

In Owerri mit seinen runden Dörfern, aber auch in der Schweiz, habe ich die magische Bewusstseinsstruktur erlebt. Ich wohnte mehrere Jahre in einem Haus im Kanton Uri. Bei Sonnenuntergang hörte ich aus verschiedenen Richtungen die langsamen und tiefen Töne von Alphörnern. Sie haben ihren Ursprung in der Zeit, als Mensch und Natur noch eine Einheit bildeten. Die Nacht war die Zeit der Geister. Mit dem Abendsegen wurden die Geister auf die Präsenz der Menschen im Raum aufmerksam gemacht.

Der Urner Arzt Eduard Renner berichtet in seinem wunderbaren Buch *Goldener Ring über Uri* von der magischen Welt der Innerschweizer Bergbauern: Hier soll es vorgekommen sein, dass sich beim Abzug der Kühe von den Alpen die Herde plötzlich in nichts auflöste. Dem Hirten wurde geraten „nit derglychä z'tuä", weiter hin mit der „Geisle z'klöpfe" und vor sich hin zu pfeifen. Ein paar hundert Meter weiter war dann die Herde wieder da. „Nit derglychä z'tuä" kann man mit „so tun, als ob alles normal sei" übersetzen. In der magischen Welt akzeptierte der Mensch, dass es eine Welt jenseits seiner Rationalität und seiner täglichen Realität gibt. Von dieser „outre monde" berichteten ihm seine Schamanen. Im täglichen Leben war es besser „nit derglychä z'tuä". Renner schreibt: „Die magische Welt ist streng unistisch, das heißt: Sie erfasst Leib und Seele als Einheit, sie kennt den klaren Unterschied zwischen belebt und unbelebt, zwischen tot und lebendig nicht und kann sich vor allem die Seele nicht ausserhalb des Körpers wirksam denken."

S. 161

In der mythischen Epoche begann sich die Einheit von Mensch und Natur aufzulösen. Das Alte Testament fordert die Menschen auf, sich die Erde untertan zu machen. Symbolisch geschah dies, indem man den Kreis mit einem Achsenkreuz überlagerte. Der Kreis verlor sein Monopol im Weltbild, aber er blieb gleichwertiger Partner. Auf der ganzen Welt, in der keltischen, ägyptischen und chinesischen Kultur, erschien dieses Symbol in der Stadt. Das Symbol wurde verfeinert, in Mexiko, in Italien, in China. Es brauchte den Raum für die heilige Mitte der Stadt, was wiederum für die Stadt längs und quer zwei Achsen nötig machte. Gleichzeitig wurde aus dem Kreis mehr und mehr ein Quadrat.

S. 161

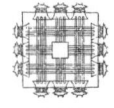

S. 161

Es entstand so etwas wie ein globaler Archetyp; so wie es in der Bibel in der Offenbarung des Johannes, Kap. 21,9–13 steht und von Albrecht Dürer gezeichnet wurde: „[Einer der sieben Engel] führte mich im Geist hinweg auf einen großen und hohen Berg und zeigte mir die Stadt Jerusalem, wie sie aus dem Himmel von Gott herabkam. [...] Und sie hatte eine große und hohe Mauer und hatte zwölf Tore. [...] Nach Osten drei Tore und nach Norden drei Tore und nach Süden drei Tore und nach Westen drei Tore [...] und die Stadt ist viereckig angelegt, und ihre Länge ist so groß wie die Breite." Auch in Indien erlangte das Symbol, mit einer orthogonalen Struktur und einem

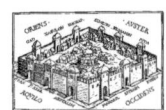

S. 161

zentralen Feld, eine wichtige Bedeutung: Das Mandala mit seinem Spiel von Kreis und Quadrat berichtet von der Einheit von Natur, Mensch und Gott. Das gleiche Spiel fand sich vor Tausenden von Jahren in Italien, wie Plutarchs Beschreibung der Gründung Roms zeigt: Romulus „lässt Männer aus Etrurien kommen, die ihn, wie bei Mysterien, unterrichten und alles nach gewissen heiligen Gebräuchen und Vorschriften anordnen mussten. Es wurde [...] eine runde Grube gemacht. [...] Eine solche Grube heißt bei den Römern ebenso wie das ganze Weltgebäude Mundus. Hierauf zeichnete man um sie, wie um den Mittelpunkt eines Kreises, den Umfang der Stadt. Der Erbauer befestigte an einem Pflug eine eiserne Pflugschar, spannte einen Stier und eine Kuh vor und zieht in eigener Person eine tiefe Furche um jene Grenzlinie. [...] Durch diese Linie bestimmt man den Umfang der Mauer. Wo man ein Tor einzusetzen gedenkt, nimmt man die Pflugschar und hebt den Pflug darüber hinweg, um einen Zwischenraum zu lassen."

Wie in vielen Disziplinen und nicht zuletzt in der Wissenschaftstheorie berichtet wird, erfolgt die Entwicklung des menschlichen Bewusstseins nicht in vielen kleinen Schritten, sondern in periodischen Transformationssprüngen. Meine Arbeit mit der Stadt in den letzten 50 Jahren ist geprägt vom Übergang aus der mentalen in die integrale Struktur, respektive der Zeit der Moderne in die Zeit jenseits der Moderne.

Der Übergang in die mythische Epoche oder Ein Bild an meiner Wand

Der frühere Basler Kantonsarchäologe Rolf d'Aujourd'hui schrieb immer wieder, dass in der keltischen Zeit „die Landschaft das Zifferblatt einer topographisch-astronomischen Uhr" gewesen sei. Die Kelten fanden sie über die genaue Beobachtung des Sonnenlaufes.

Auch mich hat der Lauf der Sonne neugierig gemacht: 1902 wurde für die Basler Kantonalbank am Kopf der Mittleren Brücke ein neues Haus gebaut. Wie das neue Selbstverständnis des Bürgers es verlangte, musste es ein würdiger Palazzo sein. 30 Jahre später war das Haus zu klein. Die Kantonalbank errichtete einen modernen Neubau, die Zeit der Palazzi war vorbei. 1985 mussten wir die Fassade der ehemaligen Bank renovieren. Wir entdeckten im Obergeschoss einen großen leeren Dachboden, Raum für den Einbau von sechs Wohnungen.

Einer der Vorteile meiner Position war, dass ich hin und wieder als Erster zu wertvollen Informationen kam. So wurde ich zum Mieter einer dieser sehr speziellen Wohnungen. Das Schlafzimmer war nach Nordosten orientiert, sodass bei Sonnenaufgang auf der Zimmerwand ein Sonnenfeld aufleuchtete. Mit dem Lauf der Sonne wanderte es über die ganze Wand. Es machte mir Spaß, die verschiedenen Positionen nachzuzeichnen. Im Herbst war die ganze Wand mit schwarzen Linien bedeckt.

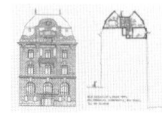

S. 162

S. 162

Im nächsten Jahr ging ich systematischer vor. Als pflichtbewusster Beamter hatte ich mir vorgenommen, pünktlich um acht Uhr im Büro zu sein, was bedeutete, dass ich spätestens um Viertel nach sieben aufstehen musste. Das war der Moment, in dem ich immer zur gleichen Zeit die Position des Lichtfensters mit einem roten Strich festhielt und die untere rechte Ecke mit einer Stecknadel fixierte. Am 24. Juni überraschte mich die Sonne! Sie wanderte nicht auf der gleichen Linie wieder zurück, sondern zeichnete eine Lemniskate an die Wand. Die Lemniskate ist das große Symbol für das Werden und Gehen, die Unendlichkeit, die Polarität des Seins, Tag und Nacht, Sommer und Winter, Hell und Dunkel. Sie macht auf die Einheit des Seins aufmerksam. Sie weist darauf hin, dass die Welt nicht chaotisch ist, sondern in einer Ordnung steht, in die wir eingebettet sind. Ich stand vor einem Phänomen, das bereits vor 2000 Jahren in Basel erkundet worden war und den Stadtgrundriss entscheidend geprägt hatte.

Die Bedeutung des Zeichens zeigt sich auch im Tarot: Drei der wichtigsten Karten enthalten das Symbol der Lemniskate über den Köpfen der abgebildeten Figuren. Sie stehen für die Energie des Männlichen, für die Energie des Weiblichen und auf einer dritten Karte für das Zusammenspiel von männlicher und weiblicher Energie.

Vor 4000 Jahren, im Übergang von der magischen zur mythischen Epoche, entdeckten die Menschen die Ordnung der Gestirne. Überall auf der Welt – in Mexiko, in Europa, im Vorderen Orient, in Ägypten, in Indien und in China – wurde der urbane Raum danach ausgerichtet. Mit der linearen Ausrichtung des Raums nach astronomischen Erkenntnissen – nach den Himmelsrichtungen oder dem Sonnenaufgang an bestimmten Tagen – übertrug man ein neues Wissen von der Welt in den Raum. Räumliche Achsen verknüpften Natürliches mit Kulturellem, runde Siedlungen wurden durch quadratische Städte ersetzt.

Um 58 v. Chr. verließ der keltische Stamm der Rauraker ihr Dorf am Rhein-
ufer und suchte im Süden von Frankreich eine neue Heimat. Unterwegs
vereinigten sie sich mit der gallischen Truppe von Vercingetorix. Bei Bibrac-
te kam es zur Schlacht gegen Cäsars Armee. Die Rauraker wurden besiegt
und von Cäsar zurück nach Basel geschickt, um die Grenze gegen Osten zu
sichern.

Dafür brauchten sie einen befestigten Ort: Sie bauten auf dem Münsterhügel ein „Oppidum", eine mit einer Mauer gesicherte Siedlung, und heute
noch bestehende Straßen, im Osten die Rittergasse, im Westen eine lange
geradlinige Straße, die weit in die Landschaft hinaus führt: Augustiner-
gasse – St. Johannvorstadt – Elsässerstrasse. Die Straße ist nicht von der
Topografie bestimmt, sondern ihre Richtung ist Teil eines astrologischen
Konzeptes.

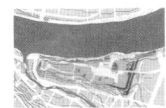

S. 163

Der Straßenzug liegt genau rechtwinklig zu einer anderen Linie, die am
längsten Tag des Jahres vom Ort des Sonnenaufgangs im Schwarzwald zum
keltischen Tempel auf dem Münsterhügel führt. In der ersten Phase der
Christianisierung der keltischen Gebiete waren die Missionare sehr darauf
bedacht, die keltischen Kultstätten nicht zu zerstören, sondern eher zu
transformieren. Es wird vermutet, dass die erste christliche Kirche auf dem
Münsterhügel die Orientierung des keltischen Kultortes als Grundkonzept
für alle späteren Bauphasen des Münsters übernahm. Am Morgen jedes 22.
Juni ereignet sich etwas ganz Besonderes: Beim Sonnenaufgang scheint die
Sonne horizontal durch die ganze Kirche. In einer späteren Bauphase wurde das Münster nach Südwesten verlängert, und somit dort die keltische
Straße überbaut. Bei archäologischen Grabungen im Inneren des Münsters
konnte sie identifiziert werden. Die Struktur der Mitte der Stadt Basel
stammt aus der Mythischen Zeit! Eine entsprechende Orientierung zeigt
das Grossmünster in Zürich, was vermuten lässt, dass auch dieser Bau an
einem keltischen Heiligtum orientiert ist.

S. 163

Ein zweites System wurde durch Benennung von Berggipfeln gebildet, die
nach über 2 000 Jahren noch den gleichen Namen tragen: „Vom Elsässer
Belchen (Ballon d'Alsace) aus betrachtet, geht die Sonne am längsten Tag (24.
Juni) genau über dem Kleinen Belchen (Petit Ballon), zu Beginn des vegetati-
ven Frühlings (1. Mai) über dem Belchen (Grand Ballon), an den Tag- und
Nachtgleichen (Äquinoktien: 21. März und 21. September) über dem Badi-
schen Belchen und am kürzesten Tag (21. Dezember) über dem Jura-Belchen

auf. [...] Drei weitere gleichnamige Berge, die ‚Blauen' – (Schweizer Blauen, Badischer Blauen und Hochblauen) [...] stehen in Zusammenhang mit den extremen Standorten des Mondes im 18.5 Jahre dauernden Zyklus dieses Gestirns. [...] Der Ursprung Basels [...] liegt genau im Schnittpunkt einer Sonnenlinie (Petit Ballon – Jura-Belchen) und einer Mondlinie (Jura-Blauen – Badischer Blauen). Basel bildet gleichsam den idellen Mittelpunkt des durch die drei Belchen begrenzten ‚Dreecklandes'."

S. 163

Auch in anderen Teilen der Welt wurden Räume an den Himmelsrichtungen ausgerichtet, so etwa die Cheopspyramide mit einer Seitenlänge von über 200 Metern und die zwei anderen Pyramiden in Gizeh. In der Cheopspyramide führen von den sogenannten Grabkammern des „Königs" und der „Königin" Kanäle nach außen. Es gibt keine gesicherte Erklärung für die Bedeutung der Schächte. Es wird mit technischen und funktionalen Argumenten gewerweißt. Persönlich bin ich der Überzeugung, dass die astronomisch-spirituelle Erklärung am meisten Sinn ergibt. Dieser Ansatz basiert auf der Feststellung, dass die Kanäle beim Bau der Cheopspyramide vor 4500 Jahren auf spezielle Sterne gerichtet waren. Der südwärts gerichtete Kanal aus der Kammer des Königs weist genau dorthin, wo sich zu jener Zeit der Kulminationspunkt des Sternbildes Orion befand. Orion war verknüpft mit dem Gott Osiris, der als Gott der Auferstehung und der Wiedergeburt zu jener Zeit wichtig wurde. Die Cheopspyramide ist demzufolge nicht nur im Raum, sondern auch in der Zeit verankert.

2004 leitete ich in Nebra in Sachsen-Anhalt einen Wettbewerb für ein Besucherzentrum, das für eine Ausstellung im Zusammenhang mit der Himmelsscheibe von Nebra gebaut werden sollte. Diese gilt als eine der wichtigsten archäologischen Funde im Zusammenhang mit der Darstellung des astronomischen Himmels. Sie soll zwischen 2100 und 1700 v. Chr., d. h. in der frühen Bronzezeit hergestellt worden sein und eine Art Kompass sein. Das aufgetragene Gold soll aus dem Fluss Carnon im englischen Cornwall 1 000 Kilometer westlich von Nebra stammen.

Das Rütli – ein Exkurs in die mythische Vergangenheit der Schweiz

1980 hat man mir ein altes Bauernhaus in Seelisberg zum Kauf angeboten. Ich war sehr rasch bereit, das Angebot anzunehmen. Das Haus ist ein verwachsenes Holzhaus, mit einem alten Steinsockel und einem neuen Aufbau. Dem Stall habe ich seine Fundamente belassen und darin ein Rosenbeet eingerichtet. Vor dem Haus steht ein alter Nussbaum, besucht von Spechten und Eichhörnchen. Unter die Terrasse konnte ich eine Badewanne aufstellen. Man sieht über den Vierwaldstättersee, den Pilatus, den Bürgenstock, die Rigi und die Mythen. Der Pilgerweg vom Kloster Einsiedeln nach Santiago de Compostela führt neben dem Haus vorbei. Er beginnt unten am See an der Haltestelle der Schiffe beim Haus zur Treib. Dieses wurde im 15. Jahrhundert im bereits bestehenden Schutzhafen an der Treib gebaut und diente dem Parlament der fünf Urkantone der Schweiz, den Tagsatzungen, als Versammlungsort. Von dort fährt die Treib-Seelisberg-Bahn hinauf zum Dorf Seelisberg. Im Dorf gibt es einen Bergsee, in dem angeblich der Elbst, ein Wassergeist, zu Hause sein soll, eine alte Wallfahrtskappelle, daneben eine Ayurveda-Klinik und die Maharishi European Research University. Sie hat sich im alten Grandhotel eingerichtet. Berühmt wurde sie, weil man dort angeblich lernen konnte, in der Meditation vom Boden abzuheben. Die Pläne des Gurus Maharishi Mahesh Yogi, an diesem Ort das höchste Gebäude der Welt zu bauen – einen 500 Meter hohen Turm für 50 000 Leute –, wurden nicht realisiert. Der Guru soll einmal gesagt haben, dass er wegen des auf der anderen Seite des Urnersee liegenden Fronalpstocks nach Seelisberg gekommen sei, da ihn dessen Form an den Berg Kailash erinnere, den heiligsten Berg des tibetischen Buddhismus.

Vom Dorf führt ein steiler Fußweg hinunter zum vielleicht bedeutendsten Ort der Schweiz. Auf dem Rütli, unten am Urnersee, soll 1291 die Schweizerische Eidgenossenschaft gegründet worden sein. Die Erzählung von der heimlichen Zusammenkunft der Verschwörer und Bundesgründer der Schweiz wird erstmals im Weissen Buch von Sarnen erwähnt. Es ist das bedeutendste Dokument der Geschichte des Mittelalters der Schweiz, ein Kopialbuch des Obwaldner Landschreibers. In dieser Chronik, geschrieben 1472, erscheinen der Rütlischwur und die Tellsgeschichte zum ersten Mal.

S. 164

Die Schweiz hat sich bei der Suche nach ihrer nationalen Identität für das Jahr 1291 als Gründungsjahr entschieden. Am 1. August 1291 soll auf dem

77

Ascona
23. Juli 1970

Rütli, einer Wiese am Ufer des Vierwaldstättersees, durch die Vertreter der drei Urkantone Uri, Schwyz und Unterwalden die Gründung der Eidgenossenschaft in einem mythischen Ritual beschworen worden sein. Sicher hat die mythische Kraft des Ortes General Guisan, den Oberbefehlshaber der Schweizer Armee, im Zweiten Weltkrieg dazu bewogen, alle seine höheren Offiziere zu einem Rapport auf das Rütli zu beordern. Da die Schweiz seit dem Frühling 1939 vom nationalsozialistischen Deutschland und dem faschistischen Italien umgeben war, wollte er seinem Befehl für eine neue Strategie der Armee möglichst viel geschichtliche Bedeutung zukommen lassen.

In seinem Buch *Mythos Rütli* zitiert Georg Kreis in einer etwas skeptischen Annäherung den „Amateurhistoriker" Jean-Pierre Vouga, demzufolge der Schwur im Jahr 1291 selbstverständlich am Abend des 1. August stattgefunden hat: „Für [...] Jean-Pierre Vouga ist das Rütli keltischen Ursprungs. [...] Er verweist auf die Rückzugspositionen der Helvetier nach der Niederlage von Bibrakte, auf die Widerstandstradition, auf die Jahreszeit des ‚Gründungsdatums'. Am ausführlichsten ist seine Erklärung da, wo er auf die ‚trois Suisses' zu reden kommt. Das Insistieren auf der Dreiersymbolik sei aufschlussreich, müssten es doch wegen der Obwalder und Nidwalder eigentlich vier sein. Die zweifach berücksichtigte Dreiersymbolik der drei mit drei Fingern schwörenden Männer sei typisch für Völker, die noch vom indoeuropäischen Ideal inspiriert seien. Der indoeuropäische Hintergrund bringe drei wichtige Elemente zum Ausdruck: die Intelligenz, die Kraft und die Fruchtbarkeit. Das ‚Weisse Buch' schreibe diese drei Eigenschaften eindeutig je einem der drei schwörenden Eidgenossen zu: dem Staufacher die Intelligenz, dem Fürst (der den Wüstling umbringt) die Kraft und dem Melchtal den Reichtum. Für Vouga [...] bestand kein Zweifel, dass das Rütli keine Rodung für triviale, materielle Nutzung war, sondern für den reinen Druidenkult. Es sei eindeutig ein Nemeton [Nemeton ist ein keltisches Wort und bedeutet „heiliger Hain", Anm. d. Verf.], eine heilige Kultstätte. Und die Schwörenden, sie hätten damals – 1291 – angesichts drohender Gefahr ganz in der druidischen Tradition gehandelt, freilich ohne sich dessen bewusst zu sein. Sie hätten sich in christlichen Ausdrucksformen manifestiert, die Essenz des Handelns sei aber klar – ‚nettement' – keltisch-druidisch gewesen."

Astroarchäologen bestätigen Vougas Sicht: Für den passionierten Heimatforscher Walter Eichin besteht im Falle des Rütlischwurs eine evidente

Übereinstimmung von Ort, Zeit und Handlung. Der Ort erhalte seine besondere Bedeutung durch die Tatsache, dass die Sonne (von dort aus gesehen) am 1. August genau über dem Scheitel des Fronalpstocks aufgehe und vom Rütli aus alle 19 Jahre der Aufgang des Wintervollmondes an der Südflanke des Grossen Mythen zu sehen sei. Und was die Zeit betrifft: Der 1. August (neben 1. November, 1. Februar und 1. Mai) sei eines der keltischen Vierteljahresfeste. Zur Stützung dieser These werden auch Parallelen zwischen dem Rütlischwur und einem altirischen Eidesritual und anderes mehr angenommen. Es sprechen viele Argumente dafür, dass die Rodung am westlichen Steilhang des Urnersees keltischen Ursprungs ist.

Meine achte Reise – nach China

Mit 35 Jahren wurde ich in Owerri mit der magischen Zeit in der Geschichte der Menschheit konfrontiert. Ich nahm sie mit Erstaunen zur Kenntnis. Es war eigentlich nicht mehr als ein Erstaunen, ein Wahrnehmen, ohne zu wissen, was ich damit anfangen sollte.

Mit 56 Jahren wurde ich von meinem Freund Ernst Joos nach China eingeladen. Er war der Zürcher Projektleiter der Stadtpartnerschaft zwischen Zürich und Kunming. Er kannte mich aus der Zeit, als er Kantonsplaner des Kantons Schaffhausen war. Er bot mir die Leitung der Projektgruppe an, die sich mit der Stadtentwicklung von Kunming beschäftigen sollte. Ich hatte vor Kurzem meine Stelle als Kantonsbaumeister in Basel gekündigt, um Neuem zu begegnen – und schon war es da. Es wurde eine Begegnung mit der mythischen Epoche einer Stadt.

Kunming ist die Hauptstadt der Provinz Yunnan, der südöstlichsten Provinz der Volksrepublik China. Sie liegt auf der geografischen Höhe von Mittelägypten, 1800 Meter über dem Meeresspiegel. Wegen ihres wunderbaren Klimas heißt sie in China „die Stadt des ewigen Frühlings". Gegründet wurde sie in der Zeit der Tang-Dynastie, die von 618 bis 907 herrschte. Sie war eine wichtige Stadt im Königreich Nanzhao beziehungsweise seinem Nachfolgereich Dali, das sich vom 8. bis zum 13. Jahrhundert als Vielvölkerstaat relativ unabhängig von der kaiserlichen Zentralmacht hielt. Der erste Stadtgrundriss der historischen Stadt entstand zwischen 750 und 1050. Unter Kublai Khan, dem neuen Herrscher der mongolischen Yuan-Dynastie, wurde die Stadt 1276 vom eingesetzten Vizegouverneur erweitert. Auch Marco

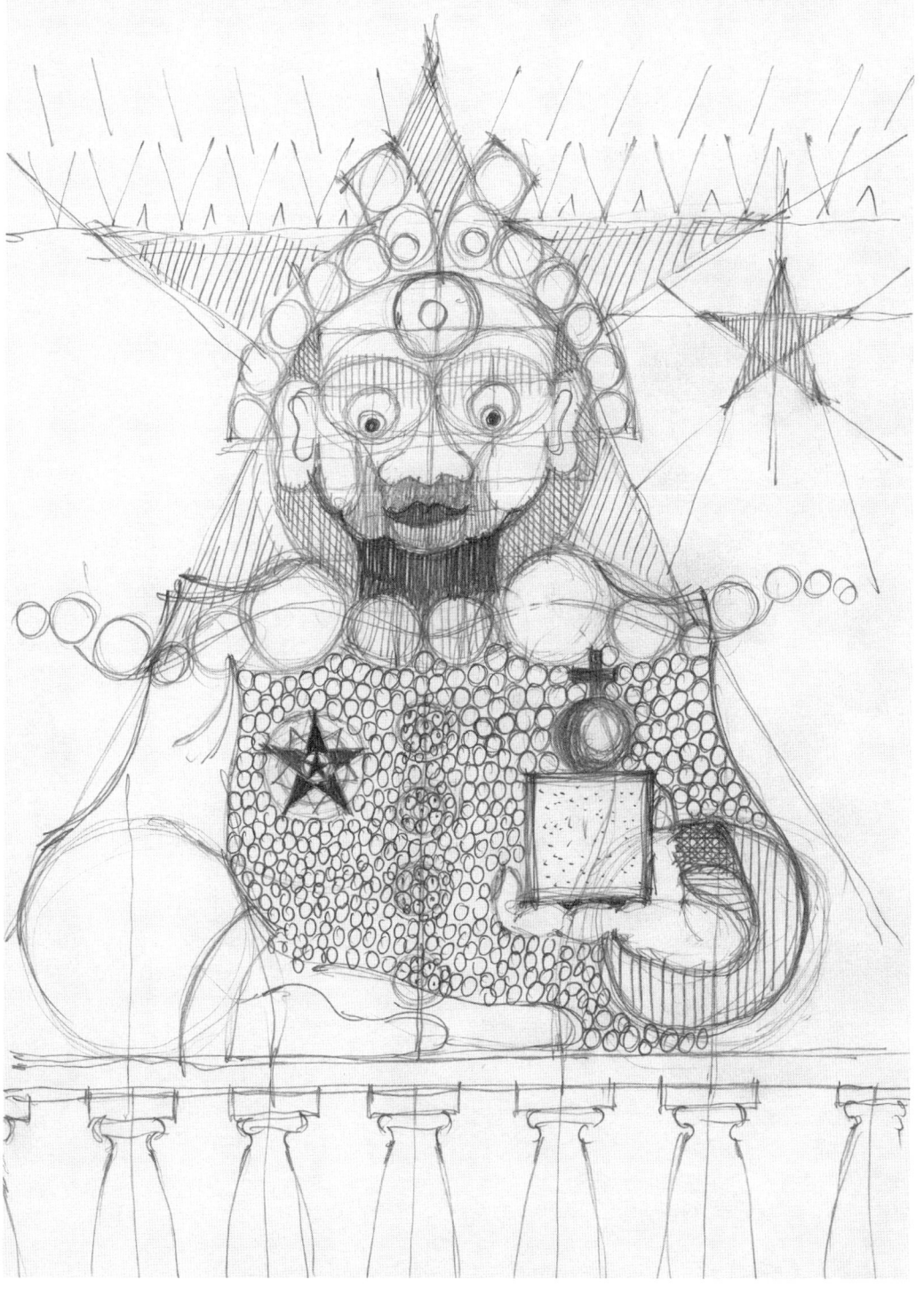

Polo, der in seinem 1298 geschriebenem Buch von der wunderbaren Küche in Kunming erzählt, soll zu jener Zeit dort gewesen sein. Eine zweite Erweiterung erfolgte 1382, eine dritte in der Mitte des 16. Jahrhunderts. Als wir mit unserer Arbeit begannen, hatte die Stadt zwei Millionen Einwohner. Heute sollen es acht Millionen sein.

Der Stadtgrundriss ist geprägt von einer zentralen Nord-Süd-Achse. Sie beginnt auf dem Wuhua-Hügel im Norden der Stadt und führt bis ans Ufer des Dian Chi-Sees. Die Achse ist immer noch die wichtigste Straße des Stadtzentrums. Am Ende dieser Achse ist das Südtor der bedeutungsvollste historische Eingang zur Stadt.

S. 164

Die Struktur der Stadt war von einem Quadrat bestimmt, wenngleich das Ganze etwas verbogen ist, weil das Gelände die reine Form nicht erlaubte. Die durchgehenden Straßen fehlten, und im Norden und Süden gab es je nur ein Stadttor. In der historischen Altstadt ist die in der mythischen Zeit verankerte orthogonale Bebauungsstruktur noch die bestimmende Ordnung und die historische Bausubstanz weitgehend erhalten – eine zwei-, maximal dreigeschossige Bebauung aus Holz, mit vielen wunderbaren Hofhäusern.

S. 164

In einer wahrscheinlich über hundert Jahre alten Apotheke fragte mich der Apotheker nicht nach Symptomen, sondern fühlte meinen Puls. Ich erhielt dann aus den Hunderten von hochgestapelten Schubladen ein Gemisch verschiedener Heilmittel – von Kräutern, Schlangen und Schildkröten.

Die Vergangenheit war hier nicht wie in Owerri ein schwer fassbares magisches Mysterium, sondern stand mit einer gewaltigen Präsenz vor mir. Ich war eingeladen, darüber nachzudenken, wie ich die Behörden bei der Betreuung der Transformation ihrer Stadt unterstützen könnte. Davon will ich später berichten. Nun interessiert mich jedoch nochmals die Frage nach der Identität dieser Zeitschicht in unserem Bewusstsein.

Der Schritt in die mythische Zeit ist verbunden mit einer enormen Erweiterung des menschlichen Bewusstseins. Die individuelle Seele wird identifiziert und in eine Religion integriert, durch die Körper, Seele und Geist miteinander verknüpft sind. Aus Geistern wurden Götter, aus Horden und Sippen Stämme und aus Häuptlingen Könige, aus Dörfern und Lagern Städte. Es entstanden Differenzierungen des Raumes zwischen öffentlichen und privaten Bereichen. Der Mensch begann, den Raum zu erkennen und sich in ihm zu verankern. Die Perzeption und damit auch die Gestalt der Stadt waren zweidimensional geworden. Das heißt sie entwickelte und organisierte sich in der Fläche. Die dritte Dimension war in der Regel den religiösen Bauten vorbehalten, die die Verbindung zum Himmel beanspruchen durften. Es ist erstaunlich, wie in dieser Zeit weltweit für die Gestalt der Stadt die gleichen Symbole verwendet wurden: Kreis, Quadrat, Strukturierung mit Linien und Feldern – voll von Zuwendung zum Raum.

Für mich war die Arbeit in China eine Aufforderung zu einer faszinierenden Recherche über die vom Mythischen geprägte traditionelle chinesische Kultur. Ich las wieder Bücher von alten Freunden: von Richard Wilhelm und C. G. Jung *Geheimnis der Goldenen Blüte*, von Ken Wilber *Wege zum Selbst* und von Alan Watts *Lauf des Wassers*. Daraus entstand dann auch mein Buch *Learning vom China – Das Tao der Stadt*.

Auf meiner Suche fand ich das große Buch von Albert Schinz über die chinesische Stadt, *The Magic Square*. Meine eigene Erfahrung der kollektiven archetypischen Bilder der Stadt bestätigend, erzählt Schinz die chinesische Version der Geschichte von der quadratischen Stadt und dem Pflegen ihrer heiligen Struktur: Das magische Quadrat basiert auf der Vorstellung, dass Himmel, Erde und Mensch in genauen Entsprechungsverhältnissen zueinanderstehen. Darauf gründet das angeblich „auf Befehl des Himmels" entstandene Lo-Shu-Diagramm, das ein in neun Felder eingeteiltes Quadrat zeigt.

Wir finden in zwei verschiedenen Kulturen, 20 000 Kilometer voneinander entfernt, vor über 2000 Jahren entstandene identische Rituale, in einer Zeit ohne Kommunikationssysteme, die in der Lage gewesen wären, diese Distanz zu überbrücken.

Die integrale Epoche oder Die Zeit jenseits der Moderne

Das Plakat „Der Mensch als Industriepalast" steht für mich auch für die zur Maschine gewordene Stadt der Rationalen Epoche. Ich habe es vor vielen Jahren in einem Museum in Bochum gekauft. Es war für den Schulunterricht in der Zeit zwischen den Weltkriegen bestimmt. Es steht am Ende

S. 165

einer langen Entwicklung, die mit Aristoteles beginnt. Die Einheit von Körper, Seele und Geist wurde aufgebrochen, Sinnlichkeit und Emotionalität zu minderwertigen menschlichen Potenzialen reduziert, Spiritualität radikal infrage gestellt. Der Körper wurde zur Maschine. „Die Ideen, die unsere Zivilisation gegenwärtig beherrschen, [stammen] in ihrer virulentesten Form aus der industriellen Revolution", schrieb Anfang der 1990er-Jahre der Anthropologe Gregory Bateson. „Sie können folgendermaßen zusammengefasst werden:

–   Es geht um uns gegen die Umwelt.
–   Es geht um uns gegen andere Menschen.
–   Es kommt auf das Individuum (oder die individuelle Gesellschaft, oder die individuelle Nation) an.
–   Wir können eine einseitige Kontrolle über die Umgebung ausüben und müssen nach dieser Kontrolle streben.
–   Wir leben innerhalb einer unendlich expandierenden ‚Grenze'.
–   Der ökonomische Determinismus ist Common sense.
–   Die Technologie wird es für uns schon machen."

Dasselbe gilt für die zur Maschine gewordene Stadt, ein mitunter seelenloses Objekt, das immer wieder modernisiert wird. Die alte Stadt soll abgebrochen werden. Der Raum wird „entzaubert". Es beginnt eine frenetische Suche nach Ordnung, Transparenz und Klarheit. Die Modelle und Visionen für die neue Stadt der Moderne sind finale Modelle.

S. 165

Dagegen ist die Zeit jenseits der Moderne „ein Vorschlag zur schöpferischen Desillusionierung, gleichzeitig ein Aufruf zu Ordnung und Unordnung; zum Einfachen und Komplexen, zum Nebeneinander von dauerndem Bezugnehmen und zufälligem Geschehen, von Privatem und Öffentlichem, von Erneuerung und Tradition, von rückwärts gerichteter und prophetischer Geste."

Die Zeit jenseits der Moderne empfinde ich als Zeit meines Bewusstseins. Das ist nicht immer einfach. Kürzlich traf ich bei einem Nachtessen eine berühmte Zürcher Architektin. Zuerst erkannte sie mich nicht, dann stellte ich mich mit meinem Namen vor. „Ach ja, du bist der Esoteriker", war ihre Begrüßung.

Ich versuche, mich zu erinnern, wann ich zum ersten Mal empfand, in einer anderen Zeit zu sein als die Menschen, die mich umgaben. Ich war gerade 20 Jahre alt geworden und kam im vierten Semester meines Architekturstudiums zu William Dunkel. In Zürich gibt es in der Limmat eine jetzt unter Denkmalschutz stehende Badeanstalt. In ihr lernte ich als Kind schwimmen. Die Semesteraufgabe war, dort eine neue Badeanstalt zu entwerfen. Die willkommenen Konzepte meiner Kollegen waren Monumente der klassischen Moderne. Sie nutzten die Breite der Limmat und skizzierten moderne Paläste. Ich versuchte, den Ort mit dem wunderbaren Jugendstilhaus im Hintergrund und dem historischen Schanzenbau nebenan zu interpretieren. Der Assistent von William Dunkel empfahl mir, das Architekturstudium aufzugeben. Er führt jetzt in Zürich eine Kunstgalerie. Ich hoffte auf eine einfühlsamere Zeit und setzte zwei Jahre aus. In der Folge lernte ich die Sprache der Moderne, passte mich an und diplomierte mit einer Karikatur der Moderne.

Ich beobachtete die beinahe hysterische Abwehr einiger Architekten gegen die vorsichtigen Versuche, der neuen Zeit Gestalt zu geben: „Die Postmoderne [hat sich] im internationalen Diskurs diskreditiert [...], nachdem ihre irrlichternd-ironische Frühphase in der Sackgasse eines radikalen Eklektizismus gescheitert war."

Für mich ist die Zeit jenseits der Moderne nicht ein neues, gefährliches Dogma, sondern sie könnte ein wunderbarer, heilsamer und einfühlsamer Schritt in der Evolution des Menschen sein: nämlich der universale Körper der Gesellschaft, der von den Lebenden beseelt und gestaltet ist. Die Stadt jenseits der Moderne würde als Teil des Universums wahrgenommen. Sie würde in einem bewussten Rhythmus von Kontinuität und Veränderung, von Vollständigkeit und Vollkommenheit, von Licht und Dunkel leben. Sie wäre ein Teil der Natur und die Natur ein Teil von ihr. Sie hätte ein Ziel, aber keinen Plan. Das Bewusstsein der Zeit jenseits der Moderne ist von einem Wissen und einer Akzeptanz der Widersprüchlichkeit und Komplexität der Stadt geprägt. Die Suche nach Qualität für die Stadt wird zu einem Spiel mit unendlich vielen Potenzialen. Wie beim Domino, Fußball oder Schach geht es nicht um Kontrolle, sondern darum, Strategien zu entwickeln, Ressourcen sinnvoll einzusetzen, die Chancen des Momentes zu nutzen und Synergien zu entwickeln. Die Zeit der einfachen Rezepte, der „terrible simplification" wie sie Blaise Pascal vor 300 Jahren bezeichnete, der Diktatur der finalen Visionen und Pläne oder der nur hierarchischen

Strukturen ist vorbei. Veränderung oder Kontinuität sind nie in sich richtig oder falsch. Unerlässlich geworden ist eine sorgfältige Auseinandersetzung mit den heute wirkenden Energien.

„Die neue Urbanität lässt auch Raum für Unordnung und Unsicherheit", schreibt dazu der Soziologe und Stadtforscher Walter Siebel. „Die rationalistischen Konzepte [der Moderne] sollten der Stadt das Dschungelhafte, Mythische und Bedrohliche austreiben, doch zerstörten sie damit auch das Heilige, Sakrale, die Stadt als Heimat und identitätsstiftende Erinnerung."

In unserer Zeit entsteht ein Bewusstsein, dass unser Ursprung aus unzähligen Schichten besteht, die sich aus unseren Lebenserfahrungen gebildet haben oder aus unserem Unterbewusstsein aufsteigen. Es erwacht eine Ahnung und das Wissen um die Verknüpfung von Raum und Zeit und der Einheit von Körper, Seele und Geist. Es entsteht ein Bewusstsein von der Dringlichkeit der Reintegration von Emotionalität, Sinnlichkeit und Spiritualität in unser von Rationalität geprägtes Leben. Das alles ist „Herkunft". Es gibt nicht die eine Herkunft, die zum Rettungsanker in einem stürmischen Meer werden kann, sondern ein unendlich großes Spiel von kollektiven und individuellen Prägungen.

1985
Ein Stück Stadt aus der Zeit jenseits der Moderne

Im frühen Mittelalter wurde in Basel auch die gegenüberliegende Hochlage jenseits der Birsig besiedelt. Im 8. Jahrhundert ist auf dem später Rosshof genannten Areal ein Wohnturm entstanden. Er bildet den inneren Kern eines Hauses, an dem bis heute, 1 200 Jahre lang, weiter gebaut wurde. An der Ecke Nadelberg – Rosshofgasse wurden Stallungen errichtet, deren Funktion dem Areal seinen Namen gab. Sie lagen an jenem Tor der aus dem 12. Jahrhundert stammenden Stadtmauer, das die Pforte zur Straße ins Elsass war. Dort wurden die Pferdewagen beladen, für die die schmalen Altstadtgassen zu eng und zu steil waren. Nach dem Bau der Eisenbahnen im 19. Jahrhundert wurden die Stallungen nicht mehr gebraucht. Im Jahre 1956 brannten sie ab. 800 Jahre lang war zwischen der Bebauung längs des Nadelbergs und der im 12. Jahrhundert errichteten Stadtmauer ein großer Garten unüberbaut zurückgeblieben.

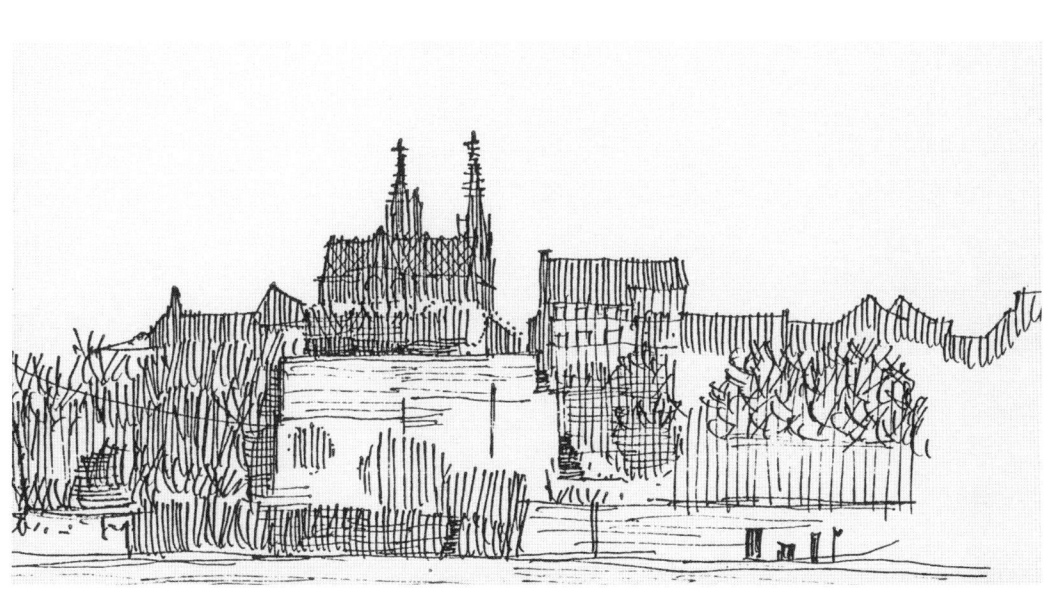

Die Moderne übernahm den Ort. Was einmal ein Garten war, verwandelte sich in eine Wüste. Aus den Rössern wurden Pferdestärken, aus dem Garten leere Asphaltflächen – ein öder Raum mitten in einer wunderbaren Altstadt. Genutzt werden sollte er für ein zehngeschossiges Parkhaus mit einem Bürohaus auf dem Dach. Jenseits der Moderne begannen die Menschen, ein neues Bewusstsein zu entwickeln. Sie protestierten mit einem mächtigen Fackelzug gegen die „Rationalisierung" ihrer Stadt und ihrer Heimat. Es dauerte lange, bis die Politik bereit war, die Benzinrösser zu vertreiben. Die Suche nach einem baulichen Konzept für die Neugestaltung des Areals war eine meiner ersten Aufgaben als Kantonsbaumeister. 1979 einigten wir uns auf folgendes Konzept:

–   Erhalt des noch vorhandenen Bestandes
–   Wohnungen in den historischen Bauten, in den Neubauten unten Universität und oben Wohnraum
–   Integration in den Kontext des Ortes, aber auch Identität der neuen Gestalt
–   Hohe Qualität des öffentlichen Raumes

Wir organisierten einen zweistufigen Wettbewerb, offen für alle Architekten in der Schweiz. Viele berühmte Architekten schieden in der ersten Runde aus. In der zweiten Runde fanden wir ein Projekt, das alle Beteiligten überzeugte, Politiker, Architekten und Denkmalpfleger: Das Preisgericht entschied sich einstimmig für den Vorschlag der Architekten Naef, Studer+Studer aus Zürich. Ihr Konzept zeigte ein wunderbares Zusammenspiel vieler poetischer Elemente. Die große Mauer am Petersgraben berichtete von der Geschichte des Ortes, dem Bau der großen Stadtmauer im 12. Jahrhundert, und ist gleichzeitig Partner der jenseits des Petersgraben liegenden alten Gewerbeschule, eines gewaltigen Trümmers aus dem 19. Jahrhundert. Die niedrigen Mauern am Nadelberg und an der Rosshofgasse sind Verbindungsstücke zwischen den großen Patrizierhäusern am Nadelberg. Die Öffnungen an den Mauern liegen dort, wo sich gegenüber die Eingänge zu den historischen Häusern befinden.

S. 166

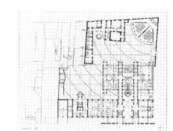

S. 167

Die Architekten hatten die Bauten auf dem Areal definiert. Nun galt es, auch für den inneren öffentlichen Raum des Areals eine starke Identität zu finden. Wir probierten es mit einer Gruppe von Landschaftsarchitekten, die einen ökologischen Grünraum vorschlugen. Für diesen Ort und seine Geschichte schien mir dies nicht der geeignete Weg zu sein.

Ich erinnerte mich an eine frühere Zusammenarbeit mit Hannes Vogel. In meiner ersten Sitzung der Kommission „Kunstkredit Basel-Stadt" wählten wir sein Konzept für die Bemalung des neuen Kamins der Fernheizung aus. Bei der Einfahrt von Norden in die Schweiz thematisierte Hannes Vogel mit dem Weiß-Rot-Weiß–Zeichen der Schweizer Wanderwege die Sehnsucht des „Weggehens". Meine Begeisterung für die Arbeit von Hannes Vogel führte mich dazu, ihn zu einem Vorschlag für die Gestaltung des „Rosshof-Hofes", einzuladen. Auch hier gelang ihm eine wunderbare Arbeit, die den neuen Rosshof zu einem einzigartigen ästhetischen Ort werden ließ. Zu seiner Publikation *Der ROSSHOF-HOF* schrieb ich 1988 folgendes Vorwort:

„Die Überbauung des Rosshof-Areals war für mich eine der wichtigsten kulturpolitischen Aufgaben der letzten Jahre. Es ging darum, auf einem von der Moderne ausgeschlachtetem Areal, eine städtische Wunde wieder zu heilen, die ganz verschiedenen städtebaulichen Massstäbe wieder miteinander zu verbinden und den Dialog zwischen alt und neu wiederaufzunehmen. Es ging darum den ‚Ort' Rosshof wieder zu bestimmen, mit Respekt vor der Vergangenheit, aber auch mit Kreativität für das Heute. [...] Das Faszinierende an der Arbeit von Hannes Vogel ist für mich, wie aus diesem Hof nun ein Ort entstanden ist, der etwas für sich selbst ist, aber gleichzeitig vorbehaltslos Teil des Ganzen; wie sich die Rationalität der Form und des Inhalts mit einer intensiven Emotionalität der Form und des Inhalts verbindet; wie der Ort definiert, aber auch geöffnet wird; wie er Geschichte aufnimmt, aber selber wieder neue Geschichten erzählt."

Entstanden ist ein Stück Stadt aus der Zeit jenseits der Moderne.

KAPITEL 5: 1992–HEUTE
VERTIEFUNG

1992
Von Basel in die Welt

1992 war ich 56, 4 mal 14 Jahre alt. Regierungsrat Eugen Keller, der mich während meiner Zeit in Basel immer wieder großzügig unterstützt hatte, trat zurück. Basel erhielt den Wakkerpreis. Die Umsetzung des Masterplans für das Bahnhofquartier war abgeschlossen. Ich machte den Fehler, mich zu einer Kandidatur als Regierungsrat überreden zu lassen. Damit ging meine politische Unabhängigkeit verloren. Mein zu hoher Blutdruck musste behandelt werden. Ich gab die Verantwortung für Basel ab und suchte die Unabhängigkeit.

S. 168

Ich wurde eingeladen, an Universitäten in der Schweiz, in Deutschland, Frankreich, Italien und in den USA zu unterrichten. Vor allem aber durfte ich in vielen Ländern Städte unterstützen, in der Zeit jenseits der Moderne eine neue Gestalt zu finden – in Beurteilungsgremien für Wettbewerbe oder bei konkurrierenden Verfahren, in Gestaltungsbeiräten und als Berater bei komplexen städtebaulichen Aufgaben.

Dabei lernte ich „schwierige" Städte wie Salzburg, Wien, Genf, Posen oder Köln kennen. Ich arbeitete in „kreativen" Städten wie Hamburg oder Mainz. Es entstanden Freundschaften, die sich immer wieder erneuerten, in Kempten im Allgäu, Konstanz, Kreuzlingen und Stuttgart. Es kam zu überraschenden Begegnungen, in Kiew, Bergen und Prag, oder an Orten, zu denen ich nur einmal eingeladen wurde, wie Paris, Košice oder Taufers in Südtirol. Etwas Entscheidendes für meine späteren Reisen hatte ich jedoch in Basel gelernt: Mein Architekturstudium und 14-jährige Erfahrung in der Raumplanung waren für die Arbeit in Basel nicht ausreichend. Ich erkannte, dass es für die Betreuung der Transformation der Stadt noch eine dritte Disziplin brauchte, die beides verknüpft: den Städtebau.

S. 168

**Die Grammatik der Stadt ist wichtiger als die Orthografie der Wörter.
Wenn wir miteinander reden und uns verstehen wollen, braucht es in der
Sprache Orthografie und Grammatik. Es benötigt Wörter, um Sachver-
halte zu definieren, und Sätze, die die Wörter in einen Kontext stellen.
Wörter können ausgetauscht werden, ohne dass der Sinn der Aussage
verloren geht. Wenn wir aber die Grammatik ändern, ergeben sich andere Bedeutungen: Ich liebe dich. Dich liebe ich! Liebe ich dich? Oder Un-
verständliches: Dich ich liebe.**

Entsprechendes gilt für die Stadt. In ihr sind Häuser die Wörter und der
Städtebau die Grammatik. Um ihre Transformation zu betreuen, braucht
es zuerst eine Auseinandersetzung mit der Grammatik der Stadt. Daraus
entsteht eine Absprache über den öffentlichen Raum – das nicht zu Bebau-
ende. Wenn die Betreuung der Stadt nur eine Addition von Wörtern ist, wird
die Stadt unverständlich und fremd, chaotisch und zufällig. In Zürich sind
im Quartier Zürich-West oder in Neu-Affoltern Quartiere zu besichtigen,
die auf Grammatik verzichtet haben.

Ich dokumentiere dieses Thema an drei Beispielen aus Basel:

St. Alban-Tal

Wir beschäftigten uns zuerst mit dem St. Alban-Tal, ein 1000 Jahre altes
Quartier am Rhein zwischen der Stadtmauer des 12. Jahrhunderts und der
Stadtmauer des 14. Jahrhunderts. Die Mönche des Benediktinerklosters,
das vom Basler Bischof Burkhard von Fenis bereits 1083 gegründet worden
war, hatten im 12. Jahrhundert einen Kanal gebaut, für den Antrieb von
Getreidemühlen. Im späten Mittelalter hielt die neue Technologie der
Papierfabrikation Einzug in Basel und die alten Getreidemühlen wurden
zu Papierfabriken umgebaut. In der Folge siedelten sich Buchdrucker im
St. Alban-Tal an. Weil es sie gab, kamen wiederum Schriftgewaltige wie
Erasmus von Rotterdam in die Stadt und befruchteten das Schaffen an der
Universität. Der Ort ist voll von Geschichte!

S. 169

1965 sollte diese Geschichte ausradiert werden. Die gelb angelegten Gebäude waren zum Abbruch bestimmt. Die roten Linien zeigten die neuen
Baumöglichkeiten eines modernen Quartiers. 15 Jahre später hatte sich die
Baukultur radikal verändert, und die historischen Schichten der Stadt tra-
ten stärker ins Bewusstsein. Die roten Linien wurden gelöscht und durch
ein städtebauliches Konzept ersetzt. Die grau angelegten Bauten sollten

S. 169

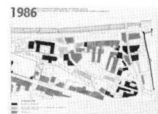

S. 169

erhalten, die gelben umgenutzt werden; für eine Jugendherberge, Wohnungen oder für Museen. Mit wenigen neuen Bauten wurde die Lesbarkeit der historischen Situation verbessert.

S. 170

Das war vor allem am Ausfluss des Westkanals wichtig. Dort wurden die alten, den Kanal begleitenden Bauten vor langer Zeit zugunsten eines Parkplatzes abgerissen. Die Christoph Merian Stiftung organsierte zusammen mit uns einen Wettbewerb. Der Vorschlag von Roger Diener wurde realisiert. Er übertrug die historische städtebauliche Situation auf neue Wohnbauten und interpretierte – gekonnt im architektonischen Ausdruck – den gewerblichen Charakter des Ortes. Am anderen Kanal stand ein ehemaliges Arbeiterhaus. Der Holzbau aus dem 19. Jahrhundert schien im Hinblick auf eine Sanierung des Gebäudes unrettbar zu sein. Dank eines raffinierten statischen Konzeptes gelang es Michael Alder, das altwürdige Haus zu erhalten.

Areal Luzernerring

Im Norden von Basel, unmittelbar an der Grenze zu Frankreich, besaß die Stadt ein mit Familiengärten belegtes Grundstück. Es gelang, sie zu verlegen und ein neues Wohnquartier zu entwickeln. Ich wollte auf dem großen Grundstück keine einheitliche Architektur, sondern mit fünf Baugenossenschaften ein vielfältiges Stück Stadt realisieren.

S. 171

In einer Expertengruppe mit Bernhard Hösli, Hans Zwimpfer und Peter Berger formulierten wir ein städtebauliches Konzept. Es galt, sich an den unterschiedlichen Typologien der Umgebung zu orientieren – im Osten an der Blockrandbebauung des 19. Jahrhunderts, im Süden an den Zeilenbauten der 1930er-Jahre, im Westen an den Solitärbauten der 1960er-Jahre – und im Norden die Grenze zum offenen Gelände der französischen Nachbarn zu besetzen. Der öffentliche Raum und seine Gestaltung wurden definiert, Verbindungen zur Nachbarschaft sichergestellt, der Standort des Pflegeheims und sein öffentliches Restaurant festgelegt, Bauhöhen und Zufahrt zum unterirdischen Parkplatz bestimmt. Für die fünf Baugenossenschaften wurden fünf Baufelder ausgeschieden. Basler Architekten konnten sich bewerben, an den fünf Architekturwettbewerben teilzunehmen. Für jedes Baufeld wurden acht Teilnehmer ausgewählt. Michael Alder baute den Stadtrand, Silvia Gmür den Südrand mit dem Pflegeheim. Drei junge Architekturbüros gewannen die Wettbewerbe für die mittleren Baufelder.

S. 171

Bahnhofquartier

Das Bahnhofquartier brauchte dringend eine neue Vision. Es gab viele Probleme: Der Zugang aus der Stadt zum Bahnhof über einen langen unterirdischen Tunnel war richtiggehend traumatisch. Die SBB brauchte zusätzliche Gleise. Die Wohnqualität des Gundeldingerquartiers war zunehmend von Zweckentfremdung und Durchgangsverkehr belastet. Die Anbindung des Fernverkehrs an das Straßenbahnnetz war ungenügend. Es fehlten Parkplätze für Fahrräder und Automobile. Die Gestaltung des Centralbahnplatzes war trist.

Es gab aber auch Chancen.

Charakteristisch für das Vorhaben war, dass alle Probleme und Chancen miteinander verknüpft waren. Der Regierungsrat übertrug mir die Projektleitung für die Erarbeitung eines städtebaulichen Konzeptes.

Jetzt werden der Bahnhof und seine Gleise oberirdisch erreicht, der Bahnhofplatz ist als „shared space" organisiert: Tram, Automobile, Velofahrer und Fußgänger müssen alle aufeinander Rücksicht nehmen. Zwei neue Tramlinien aus dem Kanton Basel-Landschaft fahren direkt zum Bahnhof. Für das Gundeldingerquartier gibt es im kantonalen Baugesetz einen Wohnschutzparagrafen. Der alte Güterbahnhof ist mit einem dichten Büroquartier überbaut, das den Druck auf die Wohnquartiere reduziert. Die ehemalige Unterführung ist zu einem großen Fahrradparkplatz umgebaut.

Architektur ist zuerst einmal privat, Raumplanung öffentlich. Städtebau stellt die Verbindung her. Grundeigentümer und Politik müssen miteinander reden und sich einig werden. Ich war mir der Bedeutung des Städtebaus bewusst geworden, und diese Erkenntnis wurde zum zentralen Fokus meiner nächsten großen Reisen durch die Welt.

Der amerikanischen Baukultur aus der Zeit jenseits der Moderne entstammt das wunderbare Buch des britischen Architekten Colin Rowe *Collage City*. Rowe erzählt die gleiche Geschichte von der Transformation der Stadt mit anderen Bildern: „Der Fuchs weiß viele Dinge, aber der Igel weiß eine große Sache." „Große Sachen" igeln sich ein, um sich als Individuum zu schützen und sich als autonome Wesen zu zeigen. Füchse hingegen bauen miteinander verbundene Räume, die ein von allen genutztes, gemeinsames System bilden. Daran wird von vielen Füchsen immer weiter gebaut. Unsere alten europäischen Städte sind in diesem Verständnis Fuchsbauten. Die einzelnen Teile gehören zusammen, stehen in Beziehung zu einander, sind miteinander verknüpft. Die Städte jenseits der Moderne versuchen, wieder Fuchsbauten zu werden.

Europaallee in Zürich

Der Hauptbahnhof Zürich war 100 Jahre lang ein Kristallisationsort für viele große Projekte. 1971 wurde ein Wettbewerb für eine Überbauung der Bahngleise veranstaltet. Anschließend werkelte man 30 Jahre lang an einem architektonischen Projekt für ein gewaltiges Brückenbauwerk. 2001 kam es zum Abbruch der Übung, nachdem Millionen von Franken in den Sand gesetzt worden waren. 2002 begann ein neues Verfahren nur für das Areal des Güterbahnhofs, das ich leiten durfte. Drei Büros wurden zu einem ko-operativen Verfahren eingeladen. Ich charakterisiere die Ergebnisse etwas plakativ, da man die Vorschläge wie ein Bilderbuch der europäischen Stadt-baugeschichte betrachten kann:

Das Büro aus Genf orientierte sich an den dreißiger Jahren des letzten Jahr-hunderts. Sie schlugen ein einheitliches Haus mit großen Innenhöfen für das gesamte Areal vor. Eine lange geschlossene Fassade führte von der Sihlpost bis zur Langstrasse. Ein Bezug zum Ort fehlte aus meiner Sicht.

S. 172

Das Büro aus Zürich interessierte sich vorerst für ein Spiel von Hochhäu-sern, die dem Quartier seine Identität geben sollten. Der Außenraum des Quartiers war sekundär; er ergab sich quasi aus den Positionen der Hoch-häuser – ein Modell, das die städtebauliche Diskussion in der Nachkriegs-zeit beschäftigt hatte.

S. 172

Das Büro aus den Niederlanden engagierte sich zuallererst für den Außen-raum. Von der Sihlpost hinüber zur Langstrasse wurde ein neuer, sorgfältig differenzierter Boulevard inszeniert, der ein erster Schritt zu einer stadt-räumlich noch fehlenden Verbindung vom Central über den Bahnhofplatz zur Langstrasse sein konnte. Der Boulevard war durch Querstraßen mit der vorhandenen Stadtstruktur verknüpft. Für die Ausweitungen der Achse wur-den größere Höhenentwicklungen vorgeschlagen. Mit einer relativ klein-maßstäblichen Parzellierung war sichergestellt, dass die Körnung der ein-zelnen Bauten dem Gefüge der Stadt entsprach. Aus dem Konzept resultierten dann Parzellen, Bauhöhen und Spielregeln für die Überbauung. Diese Vorgaben bildeten die Randbedingungen der Architekturwettbewerbe für die einzelnen Parzellen. Das Beurteilungsgremium war einstimmig der Überzeugung, dass dieses Konzept die richtige Lösung sei.

S. 172

Das Konzept von Kees Christiaanse, dem einzigen Lehrstuhlinhaber für Städtebau an der ETH Zürich nach Benedikt Huber, wurde als Grundlage für die Realisierung ausgewählt. Mit einem sorgfältig organisierten öffentlichen Diskurs über sogenannte „Echoräume" konnte das Konzept in der Öffentlichkeit verankert werden. 2004 wurde die Planung abgeschlossen und 2006 in einer Volksabstimmung mit einer großen Mehrheit angenommen. Heute ist das Areal überbaut. Das neue Quartier ist ein Stück Stadt geworden, das am Gefüge der alten Stadt mit einem neuen Gesicht weitergebaut hat.

Städtebau ernst zu nehmen, heißt, die Bedeutung des öffentlichen Raumes für die Stadt anzuerkennen.

„Bäume sind herrlich", schrieb Rainer Maria Rilke 1919 in einem Brief, „aber herrlicher noch ist der erhabene, gesteigerte Raum zwischen ihnen." In der modernen Stadt waren weder Fußgänger noch Bäume zwischen den Häusern willkommen. Jetzt, in der Zeit jenseits der Moderne, suchen wir wieder nach dem „herrlichen Raum" der Stadt mit dem Raum unter den Bäumen. Wir nennen es den öffentlichen Raum.

Meine erste Begegnung mit dieser Aufgabe fand statt, lange bevor ich mit städtebaulichen Aufgaben konfrontiert war: 1970 beauftragte mich Gerhard Sidler, der damalige Leiter des Stadtplanungsamtes von Zürich, Maßnahmen zur Verbesserung der Lebensqualität im Kreis 5 zu finden. Ich schlug vor, verschiedene Straßenstücke zu Fußgängerzonen umzugestalten und mit Bäumen zu bepflanzen. Von einem groß angelegten Konzept sind jedoch nur 50 Meter in der Josefstrasse realisiert worden. Es war dafür noch um viele Jahre zu früh. Ich meine, dass dieses Anliegen inzwischen unbestritten ist. 30 Jahre später, bei meinen Arbeiten für die chinesische Stadt Kunming, war der öffentliche Raum der zentrale Fokus bei der Suche nach einem städtebaulichen Konzept für den Norden der Stadt.

S. 172

2017 wurde ich eingeladen, an der Universität von Amman zum Thema öffentlicher Raum vorzutragen: „Reclaiming Public Space in Metropolitan Aereas". Ich bekam die Chance, von meiner Erfahrung der Einheit von Mensch, Stadt und Kosmos zu sprechen: Was für den Menschen gilt, gilt auch für die Stadt. In diesem Sinn ist der öffentliche Raum der Stadt analog zum Blutkreislauf des Menschen zu verstehen. Er verbindet Magen, Herz und Hirn. Wenn er nicht mehr richtig funktioniert, nicht ernst genommen und nicht sorgfältig betreut wird, kommt es zu schwerwiegenden Störungen des gesamten Organismus.

Gleichzeitig war ich mir bewusst geworden, dass für die Betreuung der Transformation der Stadt auch die Kommunikation eine bedeutende Rolle spielt.

In Basel hatte ich gelernt, dass das, was getan werden soll, dem entsprechen muss, was die Menschen der Stadt brauchen und wollen. Wenn Neues kommen soll, ist es unerlässlich, darüber zu reden. Die Bauten von Roger Diener im St. Alban-Tal hatten Unruhe gestiftet. Ein Gratisanzeiger startete eine Umfrage, welches das hässlichste Gebäude in Basel sei, und der Bau im St. Alban-Tal belegte den ersten Rang. Weil ich jedoch von dessen städtebaulicher und architektonischer Qualität überzeugt war, organisierte ich zusammen mit den Herausgebern des Blattes eine Serie von öffentlichen Gesprächen, unter anderem auch im St. Alban-Tal. Ich meine, das war friedenstiftend.

S. 173

Wenn Neues kommen soll, ist oft auch eine direkte Zustimmung der Mehrheit der Stimmbürger Voraussetzung. In Basel kann bei Beschlüssen des Parlamentes für Ausgaben über einer Million Franken mit einem Referendum eine Volksabstimmung verlangt werden. Dazu braucht es nur 4000 Unterschriften. Es war mir klar, dass ich für die Umsetzung des städtebaulichen Konzeptes für den Raum des Centralbahnhofes innerhalb der nächsten Jahre mehrere Volksabstimmungen gewinnen musste. Wir beantragten deshalb einen hohen Projektierungskredit, um als Präjudiz für die späteren Kredite eine Volksabstimmung provozieren zu können. Wir erhielten den Kredit und gewannen auch die nächsten vier Abstimmungen. Das gelang nur auf der Basis einer sehr sorgfältigen und transparenten Informationspolitik. Ich publizierte alle sechs Monate einen öffentlichen Bericht über den Stand der Arbeiten. Jedermann konnte ihn auf der Staatskanzlei beziehen und dazu Stellung nehmen. Wir versprachen, jeden Kommentar zu beantworten. Ich stellte die aktuellen Projekte, im Ganzen waren es über 40, immer wieder in öffentlichen Veranstaltungen vor.

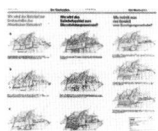

S. 174

Diese Botschaft ist allerdings nicht immer willkommen: In Zürich wird hinter der Universität und der ETH vom Kanton Zürich ein neues Hochschulviertel mit über 300 000 Quadratmetern Nutzfläche geplant, am Anfang ohne ein städtebauliches Konzept, als Addition von Einzelprojekten. Der Professor für Architekturgeschichte an der ETH hat das Projekt in einem Artikel in der neuen Zürcher Zeitung trotzdem gelobt – eigentümlicherweise mit dem Titel „Nur keine neue Europaallee!". Die Fachvereine enthielten sich einer kritischen Auseinandersetzung mit dem Projekt. Als ich versuchte, in der Presse Vorbehalte anzumelden, wurden diese nur teilweise für den Druck genehmigt. Das Vorhaben wird bewusst jeder Mitsprache der Bevölkerung entzogen. Anstatt einen gegenseitigen Austausch anzuregen, setzt man auf einseitige Information. Inzwischen hat ein Gerichtsentscheid den Züricher Behörden ein solches Vorgehen verboten, wodurch sich die Projekte wohl verzögern werden.

Im starken Kontrast dazu wurden bei der Suche nach einem städtebaulichen Konzept für die Überbauung der nicht mehr benötigten Trabrennbahn in Recklinghausen Städtebau und Kommunikation in einer radikalen Form miteinander verknüpft:

In einer ersten öffentlichen Veranstaltung wurden die Bürger ersucht, ihre Anliegen und Visionen einzubringen. Diese wurden aufgezeichnet und in einer zweiten Veranstaltung zur Diskussion gestellt. Daraus entwickelte sich ein Grobkonzept, das drei eingeladenen Planungsbüros vorgestellt wurde. Sie wurden beauftragt, auf dieser Grundlage ein städtebauliches Konzept auszuarbeiten. In einer vierten Veranstaltung stellten die Büros ihre Konzepte vor. Sie wurden kritisiert, zuerst von eingeladenen Experten, dann von den Bürgern und den Mitgliedern des Gemeinderates. In der Schlussveranstaltung stellten die Planer ihre überarbeiteten Konzepte vor. Auf diese Weise entstand ein breiter Konsens für das Konzept, das Christa Reicher weiterbearbeitet hat.

S. 174

1996–2000
Unterwegs in China

In Afrika wurde ich beauftragt, auf einem unberührten Stück Land eine europäische Stadt zu bauen. In Kunming war ich Berater einer alten Stadt, deren Kultur und Politik für mich Neuland waren und deren Sprache ich nicht verstand. Vorerst musste ich einmal zuhören. Ich brauchte einen Dolmetscher. Chao Cheng war der perfekte Partner, ein Architekt aus Nanjing, der an der ETH Zürich an einer Dissertation über Analogien zwischen dem chinesischen Tempelbau und frühen Methoden des schweizerischen Holzbaus arbeitete. Gefunden habe ich ihn über Karin von Wietersheim, die am gleichen Lehrstuhl über das schweizerische Chalet forschte. Auch sie war begeistert, in unserem Team mitzuarbeiten. Dann brauchte ich noch einen Partner, der damals nicht leicht zu finden war – nämlich jemanden, der städtebaulich denken und entwerfen konnte. Matthias Wehrlin war die beste Wahl, die ich mir wünschen konnte. Ich lernte ihn als Mitarbeiter des Berner Stadtplanungsamtes kennen. Es gelang mir, ihn vor einigen Jahren davon zu überzeugen, seinen Posten in der Verwaltung zu kündigen und sich selbstständig zu machen.

Die großen Themen der Stadt waren die gleichen wie in Owerri und Basel:

- Wie viel Veränderung und wie viel Kontinuität braucht die Stadt?
- Wie gelingt es, dieses Spiel politisch zu verankern?
- Welches sind die dafür nötigen städtebaulichen Festlegungen?

Um nützlich zu werden, mussten wir einen Arbeitsmodus finden, in dem wir weder zu Predigern noch zu Vollzugsgehilfen wurden. Wir einigten uns auf folgendes Vorgehen:

- Ein Team aus dem Stadtplanungsamt von Kunming sollte in zweiwöchigen Seminaren mit uns zusammenarbeiten.
- Die Politik würde uns das jeweilige Thema des Seminars vorgeben.
- Am Ende der Seminarreihe würden wir eine Dokumentation zur Verfügung stellen – ein Dutzend Blätter im Format A3, auf Chinesisch und Englisch.
- Unser Beitrag sollte nur aus der Arbeit in den Seminaren hervorgehen.

Wie in Basel war das erste Thema der Umgang mit der Altstadt – ein dicht überbautes Geviert mit jahrhundertealten hölzernen Hofhäusern. Gemeinsam zeichneten wir drei mögliche Strategien auf:

- abbrechen und mit Hochhäusern neu bebauen
- abbrechen, eine große Tiefgarage bauen, und darauf eine neue „Altstadt" stellen
- die alte Stadt unter Schutz stellen

Wenige Wochen nach unserer gemeinsamen Präsentation beschloss die Regierung ein Abbruchverbot für die ganze Altstadt. Meines Wissens ist es die erste flächendeckende Unterschutzstellung in China.

Kunming Nord
Das zweite Thema war wie in Owerri eine riesige Stadterweiterung nach Norden für mehrere hunderttausend Einwohner und Arbeitsplätze. Das Stadtplanungsamt stellte einen ersten Entwurf vor: In der Mitte des Areals war ein rundes Zentrum vorgesehen, wie das Gelbe eines Spiegeleis. Ich fragte den „Lao" – den weisen Alten – Liu Xue, Generaldirektor der Kunming Urban Planning Authority, inwieweit wir diesen Plan ernst zu nehmen hätten. Nur zwei Randbedingungen müssten respektiert werden, war seine Antwort: die neu gebaute Autobahn zum künftigen Flughafen und die Feng-Shui-Achse vom Dragon Gate in den Western Hills hinunter in die Altstadt von Kunming. Ich fragte nach der Geschichte dieser Linie. Er zuckte mit den Achseln und sagte, wenn wir die Linie integrierten, erreichten wir bei den Alten der Stadt eine höhere Akzeptanz.

Ich erinnerte mich an einen Text des deutschen Missionars Ernst Johann Eitel, der in der zweiten Hälfte des 19. Jahrhunderts mit der festen Überzeugung nach China gekommen war, die alten Geister vertreiben zu können. Nach einigen Jahren änderte er seine Meinung. 1873 erschien sein Buch *Feng-Shui: or, The Rudiments of Natural Science In China* in Hongkong: „Feng-Shui ist [...] so in das chinesische Gesellschaftsleben hineingewachsen, es ist so fest verbunden mit jedem möglichen Ereignis des häuslichen Lebens (Geburt, Ehe, Hausbau, Beerdigung, usw.), dass es nicht entwurzelt werden kann ohne die vollständige Umkehrung und anschließende Neuorganisation sämtlicher gesellschaftlicher Formen und Gewohnheiten. [...] Feng-Shui ist tatsächlich die verfeinerte Quintessenz des taoistischen Mystizismus, des buddhistischen Fatalismus, [...] und als solche verfügt es, wenn vielleicht auch nicht über die ausdrückliche Zustimmung, sicherlich über die geheime Sympathie jedes Chinesen, ob hohen oder niederen Standes." In seinem Schlusswort schrieb Eitel, dass „Feng-Shui die närrische Tochter einer weisen Mutter ist". Wir sollten also nach der weisen Mutter suchen und uns nicht bei der närrischen Tochter aufhalten.

Feng-Shui ist eine närrische Tochter, wenn man sie rationalisiert und formalisiert, auf Farben und Ausrichtungen von Gebäuden reduziert. Feng-Shui ist aber eine weise Mutter, wenn man es als eine Haltung im Umgang mit dem Menschen, seiner Stadt und dem Kosmos versteht. Die chinesische Kultur hat das Wissen um die energetischen Qualitäten des Raumes und der Zeit - oder von den „verborgenen Kräfte der Erde" - wie keine andere Kultur verarbeitet und formalisiert. Sie ist auch die einzige Kultur, in der dieses Wissen heute noch auf breiter Ebene umgesetzt wird.

S. 174

Um der baulichen Vorgabe Bedeutung beizumessen, war es unerlässlich, nicht nur einen Flächennutzungsplan zu zeichnen, sondern wie in Owerri ein städtebauliches Konzept zu definieren, das dem Ort eine spezifische Identität verleihen würde. Ich empfahl, die von uns vorgeschlagene Baumreihe im Norden des großen Platzes sofort zu pflanzen, um das Konzept des Freiraumes zu sichern. Heute ist das Gebiet weitgehend nach den Grundzügen der Dokumentation überbaut, die wir in den Seminaren festlegten.

S. 174

In diesem Zusammenhang bin ich immer wieder davon fasziniert, wie sich im Beziehungsfeld von Mensch – Haus – Stadt – Erde Entsprechungen zeigen. Man kann vermuten, dass die Harmonielehre des Feng-Shui seine Entsprechung auch im Menschen findet. Die chinesische Akupunktur spricht in Bezug auf den Menschen dieselbe Sprache: Sie geht von zwölf Meridianen im menschlichen Körper aus, in denen das Ch'i, die Lebenskraft, fließt. Auf ihnen liegen bestimmte Punkte, die durch Anstechen den Energiefluss anregen. Diese Wissenschaft geht auf das zweite Jahrhundert v. Chr. zurück, ist also genau so alt wie die Wissenschaft vom Feng-Shui.

Im Standardwerk von Richard Wilhelm und C. G. Jung zur chinesischen Ganzheitslehre, dem Taoismus, liest man: „[Die taoistische Weltanschauung] baut sich auf der Voraussetzung auf, dass Kosmos und Mensch im Grunde gemeinsamen Gesetzen gehorchen, dass der Mensch ein Kosmos im Kleinen und von dem grossen Kosmos nicht durch feste Schranken geschieden ist. Dieselben Gesetze herrschen hier wie dort, und vom einem Zustand aus eröffnet sich der Zugang zum andern. Psyche und Kosmos verhalten sich wie Innenwelt und Umwelt. Der Mensch partizipiert daher naturhaft an allem kosmischen Geschehen und ist innerlich wie äußerlich mit ihm verwoben."

Dem ursprünglichen taoistischen Denken des Feng-Shui am nächsten kommt eine Bewegung, die sich Tiefenökologie nennt. Arne Næss machte schon 1972 auf den Unterschied zwischen „einer oberflächlichen, aber gegenwärtig ziemlich starken Bewegung" und „einer tiefen, aber gegenwärtig weniger einflussreichen Bewegung" aufmerksam. Erstere definierte er als „ein Kampf gegen Umweltverschmutzung und Rohstoffvergeudung", in deren Mittelpunkt die Gesundheit des Menschen in den entwickelten Ländern steht. Die Bewegung der Tiefenökologie definierte er als „Ablehnung der Vorstellung vom Menschen in der Umwelt zugunsten der Vorstellung vom Beziehungsgeflecht, vom vernetzten System".

„Wir machen das wegen der alten Leute", hatte der „Lao" gesagt und für seine Stadt eine Feng-Shui-Linie verlangt. Der Auftrag führte mich auf eine große Reise in eine mir unbekannte Welt. Ich erinnerte mich an eine lange zurückliegende Erfahrung. Jemand hatte mir einen Besuch bei Ruedi Schmid empfohlen. Er gab Kurse für die Begegnung mit der menschlichen Aura. Er lehrte mich, eine sich in Lichtform zeigende Ausstrahlung von Lebewesen zu sehen; ein Phänomen, das wir im Alltag nicht mehr wahrnehmen. Wenn ich die sogenannten „Heiligenscheine" um die Köpfe von Menschen auf mittelalterlichen Bildern sehe, scheint es mir, dass das Bewusstsein für dieses Potenzial damals noch vorhanden war.

2016
Brauchen wir Monster?

Things Fall Apart (*Alles zerfällt*) ist der Titel eines Romans, geschrieben von Chinua Achebe im Jahr 1958. Es ist das meist gelesene Buch eines afrikanischen Autors und handelt vom Zerfall der nigerianischen Kultur durch die Invasion der englischen Kolonialmacht. Chinua Achebe hat den Titel aus einem berühmten Gedicht des englischen Poeten William Butler Yeats entnommen:

„Drehend und drehend im sich weitenden Kreisel
Kann der Falke den Falkner nicht hören;
Alles zerfällt; die Mitte hält es nicht.
Ein Chaos, losgelassen auf die Welt [...].“

Das Buch habe ich während meiner Arbeit in Nigeria kennengelernt. Die
Aufgabe war überlagert von dem Konflikt zwischen dem Traum der Regierung von einer neuen, modernen, europäischen Stadt und der Präsenz einer
alten kulturellen Identität. Konnte es gelingen, die polaren Positionen zu-
sammenzubringen, ohne dass „alles zerfällt“?

In meiner Arbeit mit europäischen Städten begegne ich gegenwärtig einem
analogen Konflikt: dem Einbruch einer Flut von monströsen Bauten, die
jeden Bezug zum Spezifischen des Ortes ignorieren, sich radikal von der
vorhandenen Stadt distanzieren, ihr Alleinstellungsmerkmal zu ihrem zentralen Fokus erklären, mit Verachtung für die Menschen des Ortes und ihrer
Herkunft. Sie berichten von einer neuen, radikal anderen Stadt:

Einsam steht etwa in Wien am Donaustrand ein 250 Meter hoher Turm, im
Bebauungsplan war er einmal 120 Meter hoch. Die Zeitschrift *Bauwelt*
schrieb dazu: „Wenn die Renditeerwartungen pro Quadratmeter sinken,
werden die Projekte in Wien einfach höher, um wieder auf den selben Ge-
winn zu kommen. [...] Von den 44 000 Quadratmetern Bürofläche im DonauCenter 1 steht [...] rund die Hälfte leer – und es scheint unklar, womit
sie in absehbarer Zeit gefüllt werden soll.“ Der Architekt habe sich nicht von
der nahen Donau, sondern nach eigener Aussage von den archaischen
Skulpturen auf den Osterinseln inspirieren lassen. Die Europäische Zentralbank in Frankfurt hätte zu einem urbanen Stadtquartier werden können,
das sich als ein Teil des städtischen Gefüges zeigt und nicht nur die Bedeutung der Finanzwirtschaft zelebriert. In Paris soll an der Porte de Versailles,
innerhalb des Boulevard Périphérique, wo eigentlich keine Hochhäuser zulässig sind, der „Tour Triangle“ in der Form eines Dreiecks entstehen: 180
Meter hoch, mit 70 000 Quadratmetern Bürofläche. Die Liste ließe sich
fortsetzen.

S. 175

S. 175

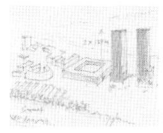

S. 175

Meine Zeit in Basel stand im Zeichen einer Aussöhnung der Moderne mit der Vergangenheit. Ich versuchte, die Geschichte der Stadt erlebbar zu erhalten oder wieder sichtbar werden zu lassen, dabei aber das Neue mit respektvoller Kreativität in der Gegenwart zu verankern. 1992 gab ich mein Amt als Kantonsbaumeister ab und enthielt mich weiterer Kommentare über die Transformation der Stadt. Erst 2012 wurde meine Irritation über ein Projekt in Basel so groß, dass ich mich wieder äußerte.

Die Integration der Geschichte einer Stadt in das moderne Stadtbild hat meines Erachtens entscheidend mit dem Respekt zu tun, den man eben der Geschichte des Orts erweist. In unmittelbarer Nähe zur Altstadt von Kleinbasel und gegenüber der Altstadt von Grossbasel wollte die Firma Roche einen 175 Meter hohen Turm bauen. Er zeigt sich als ein großer Stapel, dessen Referenz gemäß den Architekten die den Turm umgebenden, aber sechsmal niedrigeren Laborbauten aus der klassischen Moderne seien, gebaut in den 1930er-Jahren vom Architekten Otto Rudolf Salvisberg. In seiner städtebaulichen Haltung ignorierte das Projekt die Ge-Schichten der Stadt; man schrieb nicht am vorhandenen Text weiter, sondern riss Seiten aus dem alten Buch der Stadt heraus.

Der Bau könnte in der Baukultur unserer Zeit zur exemplarischen Haltung für den städtebaulichen und architektonischen Umgang mit den schweizerischen Innenstädten werden – in Zürich im Seefeld, in Genf hinter dem Jet d'Eau, im Tessin zwischen Locarno und Ascona.

Das große Schweigen der Fachwelt zu diesem Projekt irritierte mich in hohem Maß. Es gab keine öffentliche Diskussion zu diesem Thema und keine Stellungnahme der Fachverbände, obwohl die Architekten doch einen Anspruch darauf erheben, wichtige Partner bei der Suche nach Baukultur der Stadt zu sein. Wollen wir die Gestaltungsbeiräte abschaffen und jedem nach Selbstverwirklichung hungrigen Architekten die Gelegenheit geben, das ersehnte eigene Hochhaus zu bauen?

Brauchen wir Monster?
Entlehnen die „Monster" der neuen Stadt ihren Namen aus dem Lateinischen „monstrare": hinweisen, bezeichnen, oder leitet er sich aus dem Wort „monstrum" ab: Ungeheuer, Ungetüm. Sind die neuen Monster also harmlose Symbole und Zeichen für die Gestalt einer neuen Stadt oder gefährliche Auswüchse des Verlustes, des Zerfalls einer radikal infrage gestellten

vorhandenen Stadt? In jedem Fall verändert sich gegenwärtig die Identität vieler Städte auf aggressive Art und Weise.

Traditionell waren solitäre Türme öffentliche Bauten – Aussichtstürme, Kirchtürme, Rathaustürme – oder für spezielle Nutzungen gebaut – Messetürme oder Hoteltürme. Heute erscheinen sie oft als triviale kommerzielle Bauten, für Wohnungen oder Büros, anonym und autonom, ohne jede ikonografische Bedeutung. Sind sie, in den Worten Butlers, ein „Chaos, losgelassen auf die Welt" oder Ikonen der neuen Zeit? Ich meine, es handle sich in vielen Fällen um Produkte der ökonomischen Optimierung durch die Immobilienwirtschaft, in den wenigsten Fällen um Bauwerke, die einen städtebaulichen, kulturellen, sozialen oder ästhetischen Mehrwert generieren.

Lässt man sich durch die Monster nicht zu intensiv irritieren, kann man sie zunächst einmal als Aufforderung verstehen, die Stadt neu zu denken. Muss die alte Stadt mit ihren Vernetzungen und ihren engen räumlichen Bezügen durch eine andere Stadt ersetzt werden, eine Stadt die eine neue Morphologie und Typologie braucht? Vielleicht helfen zur Beantwortung dieser Frage die Instrumente, die wir für die Betreuung der Transformation der Stadt brauchen: Raumplanung, Städtebau und Architektur.

Architektur ist der Ausdruck der vielfältigen individuellen Energien der Stadt. Einzelne zeigen mit ihrem Gebauten, wer sie sind. So ist Architektur so etwas wie die Orthografie der Stadt; einzelne Worte, die von einem Objekt berichten. Beim Menschen wäre es seine individuelle Identität, seine Seele und seine Körperlichkeit. Mit der Raumplanung versucht die Gesellschaft, allgemeingültige Regeln für den Umgang mit dem Raum zu definieren. Sie formuliert eine kollektive Philosophie, Ethik oder Haltung gegenüber dem Raum der Stadt. Sie bemüht sich um die Bedeutung des Textes. Architektur ist individuell, Raumplanung kollektiv.

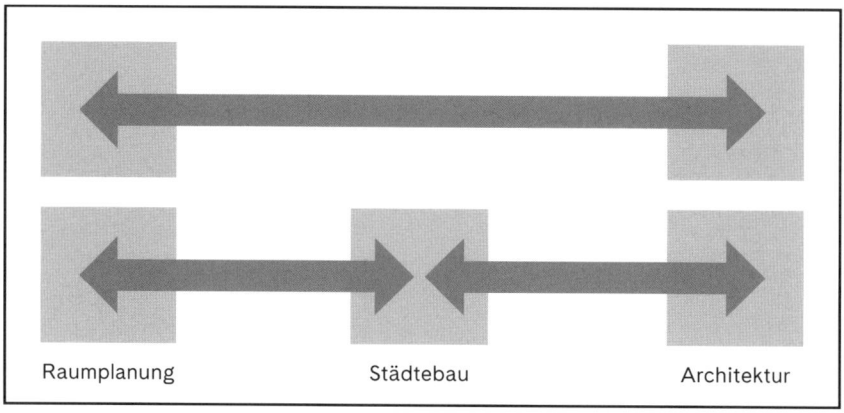

Raumplanung   Städtebau   Architektur

Um Worte und Bedeutung zu Sprache werden zu lassen, braucht es eine Verbindungsebene. Diese Aufgabe muss der Städtebau übernehmen. Er kümmert sich um die Grammatik der Stadt. Er soll die einzelnen Worte so ordnen, dass sie Sinn ergeben und ein Text entsteht. Es geht um die Spielregeln der Stadt, um die Beziehungen der Teile zueinander und um die Angemessenheit des Einzelnen zum Ganzen. Aus einer wahllosen Addition von Worten entsteht noch kein Text. Das etymologische Wörterbuch spricht beim Stichwort „Text" von einem „zusammenhängenden Inhalt einer Rede". Wenn die Grammatik oder der Städtebau fehlen, „fallen die Dinge auseinander". So könnten die Monster zum monumentalen Aufruf an die Politik der Stadt werden: „Kümmert euch um die Grammatik eurer Stadt!"

Brauchen wir also Hochhäuser?

„Hochhäuser sind des faulen Architekten Antwort auf die Frage nach Dichte." Diesen provokanten Satz äußerte Jan Gehl im Juni 2016 in einem Gespräch mit der *Neuen Zürcher Zeitung*, und er spricht mir damit aus der Seele. Der dänische Architekt und Städteplaner vertrat hier „ganz dezidiert die Auffassung, dass ein Wolkenkratzer nichts anderes sein kann als ein Symbol für die ortlose Verallgemeinerung von Architektur. Zudem widersprechen sie komplett der menschlichen Wahrnehmung." Für Gehl sind weder die bloßen technischen Möglichkeiten des Bauens, noch die Notwendigkeit von mehr Wohnraum, ihre mutmaßliche Wirtschaftlichkeit oder gar postulierte Umweltfreundlichkeit gute Argumente für Hochhäuser. Vielmehr stellt auch er an ein Gebäude in erster Linie die Frage, welchen Nutzen und welche Bedeutung es für die Stadt und seine Bewohner haben kann.

Nicht nur folge der Bau von Hochhäusern – als „schlichtes Übereinander-
stapeln von Etagen" – oft keinem grundlegenden Konzept, auch ließen sie
meist außer Acht, dass „die Qualität des kleinen, menschlichen Massstabs
ein entscheidender Faktor für die Belebtheit und Anziehungskraft eines Gebietes ist". Oberhalb des fünften Stockwerkes, so Gehl, fühlten sich die Menschen nicht mehr als Teil der Stadt, sondern als „Teil des Flugverkehrs".

Die Stadt als Palimpsest

Jedes Mal, wenn ich in Venedig war, besuchte ich die an der Südwestecke
des Campo Santi Giovanni e Paolo gelegene Espressobar. Rechts davon
türmt sich die größte gotische Kirche von Venedig auf, gegenüber – quasi
als Abschluss des Platzes – steht die fantasievolle barocke Fassade des
Ospedale und vor mir protzt die Statue von Bartolomeo Colleone, ein reicher Söldnerführer aus der Renaissance. Donna Leons Commissario Bru-
netti findet gelegentlich eine Leiche in den Kanälen, die aus der Zeit der
Gründung Venedigs vor über 1000 Jahren stammen.

Wie das Unterbewusstsein ein integrierender Bestandteil des Menschen ist,
so ist die Identität der Stadt essenziell von den Schichten der Vergangenheit
geprägt, sie gleicht einem Palimpsest. Ein Palimpsest ist ein antikes oder
mittelalterliches Manuskript, das beschrieben, abgeschabt und danach neu
beschrieben wurde. Wird es durchleuchtet, werden überschriebene Texte
wieder sichtbar.

Ähnlich wie mit den nicht mehr relevanten Texten verhält es sich mit den
Entwicklungsphasen jedes Menschen – und jeder Stadt. Innere und äußere
Erfahrungen werden wahrgenommen, integriert und wieder abgelegt, stei-
gen aus dem Unbewussten auf und versinken wieder in die Vergessenheit.
Den ganzen Text oder die Summe der Schichten nennen wir unsere Her-
kunft oder unsere Identität.

Die Stadt der Moderne hat das geleugnet. Für sie wurde ein neues Buch
geschrieben, auf weißen Seiten ohne Inhaltsverzeichnis. Die Betreuung der
Transformation der Stadt jenseits der Moderne muss das alte, aber dennoch
immer wieder neue Buch der Stadt ernst nehmen, weil sie sonst das
Gedächtnis seiner Bewohner missachtet. Städte sind Ge-Schichts-Bücher.
Junge Städte sind vielleicht nur dünne Hefte, mit wenigen Seiten, alte

Städte dicke Wälzer voll von bedeutungsvollen „Ge-Schichten". Weil sich in der Evolution des menschlichen Bewusstseins immer wieder neue große Themen zeigen, lagern sich in einem nie endenden Spiel auch immer wieder neue Schichten in der Stadt ab. Diese Themen schleichen sich sachte in die Gestalt der Stadt ein oder erscheinen wie Wirbelstürme und zwingen uns, Raum für Neues zu schaffen.

Die Moderne hat die Welt und die Stadt radikal vereinfacht. Sie hat ihre weit zurückreichende Herkunft gering geachtet und eine Herkunft definiert, die nur in der rationalen Gegenwart begründet ist: Eine gewalttätige und traumatische Vereinfachung, die jetzt radikal infrage gestellt wird. Wir erleben einen epochalen Zeitsturm. Eines der großen Themen unserer Zeit ist die Wiederentdeckung des Menschen und der Stadt als Palimpsest, als „Ge-Schichts-Buch".

Der Dichter Friedrich Dürrenmatt hat dazu in seinem Buch mit dem Titel *Turmbau* wie folgt geschrieben: „Die Vorstellungskraft benötigt die Erinnerung, um die Gegenwart zu begreifen. Ohne Erinnerung an die Vergangenheit wäre die Gegenwart ein sinnloses, aus dem Nichts auftauchendes und ins Nichts sinkendes Geschehen."

Dieses Prinzip war für mich ein wichtiges Thema in meinem Unterricht. Als Einführung in die städtebaulichen Themen fand stets eine Exkursion mit den Studenten zum Palimpsest Como statt. Das Palimpsest Como ist in einer einmaligen Präsenz lesbar; als ein faszinierendes Buch von 2000 Jahren städtebaulicher Transformation:

S. 176

- – Zuunterst liegt ein keltischer Hafen;
- – dann erscheint die strenge Struktur einer römischen Stadt;
- – es folgt die Zerstörung der römischen Struktur durch labyrinthische Umbauten der mittelalterlichen Stadt und der Neufokussierung der Stadt auf den Dom;
- – im 19. Jahrhundert erfolgt die Erweiterung des Domplatzes, die Verbindung von Hafen und Dom und der Versuch, mit einem neuen Maßstab Como im Stil der Pariser Rue Rivoli zur Großstadt werden zu lassen;
- – durch den Bau des Bahnhofs an der Eisenbahnverbindung nach Mailand entsteht entlang der Straße vom römischen Südtor zum Bahnhof ein neues Stadtquartier;

- in der zweiten Hälfte des 20. Jahrhunderts wird der ganze Talboden aufgefüllt;
- zuletzt kommt der Versuch, mit der stolzen Prägnanz der Casa del Fascio das Zentrum der Stadt der Dominanz des Domes zu entziehen.

In Basel zeigen sich die Zeitschichten der Stadt immer noch unübersehbar: das keltische Oppidum, die römischen Befestigungen, die mittelalterliche Bebauung, die Strukturen des 19. Jahrhunderts und die neuzeitliche Stadt als ein Buch mit unendlich vielen Seiten.

Und auch Zürich ist ein Palimpsest. Übertragen auf das Bild eines Hauses liegt im Keller Zürichs zuunterst die Schicht der Pfahlbauer, gefolgt von der Bebauung der Kelten und darüber die Spuren der römischen Zollstation.

Im Erdgeschoss finden wir beidseits der Limmat die mittelalterliche Stadt mit den zentralen Straßenzügen von Nieder- und Oberdorf sowie Rennweg. Im ersten Obergeschoss zeigt sich die Stadterweiterung des 18. Jahrhunderts mit den Befestigungsanlagen an der Sihl – sichtbar beim Alten Botanischen Garten und am Seilergraben. Im zweiten Obergeschoss folgt die gewaltige Präsenz des 19. Jahrhunderts mit der Bahnhofstrasse, dem Hauptbahnhof, der Rämistrasse, der Eidgenössischen Technischen Hochschule, dem Landesmuseum, dem Stadttheater und den Wohnquartieren der Kreise 4 und 5. Im Dachgeschoss schließlich finden wir Implantate des 20. Jahrhunderts, die Seeuferanlagen, das Kongresshaus, das Kunsthaus, die Universität und das Universitätsspital.

Es erstaunt mich, wie selektiv die Wahrnehmung dieser Schichten erfolgt. Mit großem Stolz berichtete die Stadt Zürich 1983 in einer Publikation vom „Neuen Bild des alten Zürich". Man hatte die Römer neu wahrgenommen. In der Einleitung steht: „Von einem keltischen Oppidum kam bei den Grabungen rund um den Lindenhof nie etwas zum Vorschein." Man war stolz darauf, seinen Ursprung im großen Römischen Reich verankert zu wissen. Im Jahr 2000 erschien eine Publikation, die mit viel Enthusiasmus von einer neuen Interpretation der archäologischen Funde berichtet: Der Lindenhof sei ein keltisches Oppidum gewesen, das von den Römern übernommen worden war. Die verschüttete Erinnerung an die keltische Zeit wird wieder wahrgenommen, vielleicht auch, weil deren Weltsicht sich jetzt besser mit unserer neuen Sehnsucht vereinbaren lässt.

Venedig, 17. september 78
Calle Larga XXII Marzo

Venezia

Coleone, 23.6.75

Prozesse in der Wahrnehmung eines Ortes weiten sich aus und integrieren andere Ebenen des Bewusstseins. So wird plötzlich Zürichs Ur-name infrage gestellt:

Weil man 1747 auf dem Lindenhof einen Grabstein entdeckt hatte, auf dem die Bezeichnung sta(tionis) Turicen(sis) stand, was sich auf eine römische Zollstation bezog, wurde Turicum zum Ur-namen der Stadt. Daniel Paris schreibt in der Zeitschrift *Spuren*: „Der damals nur mündlich überlieferte Name Zürichs ist erst viel später als das heute bekannte ‚Turicum' festgehalten worden. Zunächst wurde die Stadt als Ziurichi notiert, später als Turigo, Zurich und so weiter.[...] In der Mitte haben wir die Silbe Rig oder Rich, davor Zu-/Su- oder Tu-. ‚Rig' ist ein klar bestimmtes Wort, es heisst auf keltisch König. Wenn wir der ältesten lateinischen Überlieferung glauben, dann ist es das Ziu, welches auf ein keltisches Su-zurückgehen muss, was wiederum nichts anderes als ‚gut' heisst, Zürich heisst dann (auf keltisch) ‚guter König'."

Die Geschichte geht an einem anderen Ort weiter. Wieso heißt es nicht „der Rigi", sondern „die Rigi"? „Sonnenklar ist etwa der Name des Königs der Berge, der Rig. So wie Zürich die Königsstadt ist, ist die Rigi die Königin der Berge. An das Rig für König ist lediglich noch ein -i angehängt, was zusammen mit der Tatsache, dass es die Rigi heisst, darauf hinweist, dass hier nicht der König, sondern die Königin gemeint war."

Umso mehr erstaunt die Nachlässigkeit im Umgang mit dem Palimpsest der Stadt Zürich. Das gilt für die Bauwirtschaft, die sich scheinbar nur an ökonomischen Kriterien orientiert, für einige Architekten, die stolz darauf sind, autistische Monumente realisieren zu dürfen, und auch für die Politik, die funktionalen und ökonomischen Aspekten absolute Priorität gibt.

Diese Nachlässigkeit, nicht nur im Umgang mit Orten, sondern auch einzelnen Objekten, ist auch in anderen Städten offensichtlich. Der alte Speicher unter dem neuen Denkmal in Hamburg hat seine Bedeutung als Teil der Speicherstadt verloren. Er war nicht als Einzelobjekt wertvoll, sondern als Teil eines größeren Ganzen. Der Speicher und die Speicherstadt werden damit zu unverständlichen Gehilfen eines übermächtigen neuen Auftritts, der für mich die alte Geschichte nicht genug würdigt. In Frankfurt wurde auf ähnliche Weise die alte Markthalle zwar erhalten, aber zur Katakombe der Europäischen Zentralbank umfunktioniert, die mit ihrem

alles überragenden Turm von der rücksichtslosen Kraft des heutigen Kapitalismus berichtet.

Graue und Grüne

Der Schweizer Architekt Luigi Snozzi ist ein Apostel einer mir fremden
baukulturellen Position: „Per l'architettura non si tratta dunque di inter-
grarsi in un luogo, ma piutottosto di construire un nuovo luogo in un rap-
porto di confronto e non di sottomissione all'essistente." („Für die Architektur geht es folglich nicht darum, sich in einem Ort zu integrieren,
sondern vielmehr, einen neuen Ort zu bauen, in Konfrontation und nicht
in Unterwerfung zum Vorhandenen.") Oder wie er mir einmal gesagt hat:
„Ich bin ein Grauer und nicht ein Grüner. Das Gras ist für die Kühe." Entsprechend war das Ergebnis des Wettbewerbs für den Neubau der Basler
Filiale der Schweizerischen Bankgesellschaft, für den Snozzi im Preisgericht saß, das einzige Projekt während meiner 14 Jahre dauernden Arbeits-
zeit in Basel, mit dem ich mich nicht identifizieren konnte. Man suchte nach
einem „Alleinstellungsmerkmal". Ich hätte mir einen Bau gewünscht, der
sich am Aeschengraben in den Kontext der großen Magistrale integriert.
Bei der Eröffnungsfeier wurde Snozzis Position wiederholt: „Bauen ist immer Kampf gegen die Natur."

S. 176

Der gleiche Konflikt findet sich im Buch *Die Schweiz – ein städtebauliches
Porträt*, das prominente Schweizer Architekten im Jahr 2006 veröffentlich-
ten. In ihm beschreiben die Autoren die schweizerische Stadtlandschaft.
Wichtig ist ihnen dabei der Vergleich der eigenen Vision der Schweizer Stadt
mit der Psyche ihrer Landsleute. Marcel Meili bedauert den Mangel „an
einer Verstädterung der Seelen", und Jacques Herzog stellt eine Seite weiter
fest, „dass man fast den Eindruck erhält, es handele sich um eine genetische
Veranlagung der Schweizer". Am Ende folgt das für die Autoren bestürzende
Fazit: „Die Schweizer lieben Bäume mehr als Mauern." Es besteht offensichtlich eine zweifache Prägung des Bewusstseins der Schweizer oder – mit Her-
zogs Worten – eine Spaltung ihrer „genetischen Veranlagung". Die „genetische Veranlagung" wird hier zu einem Synonym für kulturelle Identität. In
diesem Sinn hat jede Stadt ihre „genetische Veranlagung" oder ihre Identität
aufgrund ihrer Wurzeln. Auf der einen Seite gibt es in den Menschen die
Sehnsucht nach Urbanität, nach Gebautem, nach Künstlichem, auf der anderen Seite eine Sehnsucht nach dem „Baum", dem Nicht-Gebauten, dem

von der Natur Bestimmten. Der Konflikt führt in der Schweiz zu einem Vorwurf der Architekten an ihre Kunden und an die Politik. Und umgekehrt bei vielen Bewohnern der Schweiz zum Gefühl, von den Architekten nicht ernst genommen zu werden.

Wieso ist das so?

Hin und wieder werde ich aufgefordert, mich zu einem Thema zu äußern, über das ich noch nie sorgfältig nachgedacht habe. So wurde ich 2007 zu einer Tagung zum Thema „DER RAUM DER STADT – Raumtheorien in Japan und im Westen" des Japanisch-Deutschen Zentrums in Berlin eingeladen. Weil ich ein Buch über die Bedeutung der taoistischen Lehre für den Umgang mit der Stadt von heute geschrieben habe, galt ich anscheinend auch als kompetent, eine kluge Rede über Japan zu halten. Das führte mich in einer fesselnden Recherche in ein mir noch kaum bekanntes Territorium. Ich fand das 1935 publizierte Buch *FUDO – WIND UND ERDE – Der Zusammenhang von Klima und Kultur* des japanischen Philosophen Watsuji Tetsurō. „Mit dem japanischen Wort FUDO (wörtlich ‚Wind und Erde') ist die natürliche Umwelt eines bestimmten Landes gemeint, nämlich sein Klima, sein Wetter, die geologische und produktive Beschaffenheit seines Bodens, seine topographischen und landschaftlichen Charakteristika. [...] Hinter diesen Ausdrücken steht die alte japanische Anschauung von der Natur als Um-Welt (chisuikafu) (wörtlich ‚Erde-Wasser-Feuer-Wind'), die sich aus den vier Elementen zusammensetzt."

Watsuji entwickelt in seinem Buch eine Theorie, die für das Verständnis des Konfliktes zwischen Grünen und Grauen ungemein hilfreich ist: Er geht davon aus, dass die unterschiedlichen Ausprägungen der Religionen der Welt das Produkt unterschiedlich ausgeprägten Vertrauens des Menschen in die Natur sind. Das Klima bestimme die „Weise des menschlichen Selbstverständnisses". Watsuji verknüpft damit das Klima eines Territoriums mit der Bewusstseinsstruktur seiner Bewohner. In dem Maße, wie vom Menschen gestaltete Räume von dessen Bewusstseinsstruktur geprägt sind, ist demnach das Klima entscheidend für die Gestalt des Raumes und damit auch der Stadt. Auf dieser Überlegung ruht seine Theorie der drei verschiedenen Klimatypen, die je zu einem Typus menschlichen Selbstverständnisses werden: das Wüstenklima, das Wiesenklima und das Monsunklima. Für die Beschreibung der drei Klimatypen möchte ich ausführlich die Originaltexte Watsujis zitieren. Sie wurden vor über 80 Jahren geschrieben und von einem Zeitgeist geprägt, den ich nicht verwischen möchte; gleichzeitig sind sie so prägnant, dass ich ihnen mit einer Transkription die Brillanz nehmen würde.

Das Wüstenklima

„Die ‚eremia‘ der Griechen, die ‚deserta‘ der Römer oder jüngere Wörter wie ‚Wüste‘, ‚waste‘, ‚wilderness‘ [...] bezeichnen mehr als nur ein Sandmeer. Sie bezeichnen einen unbewohnten Ort, bar jeglichen Lebens, eine widrig-raue, furchterregende Gegend. Sie beschreiben nicht so sehr die äußere Erscheinungsform, sondern eher die Leblosigkeit des Ortes. Wüste wird hier nicht nur als Sandmeer verstanden, sondern auch als kahles Gebirge mit drohenden Felsschroffen oder als riesiges Flussbett, das Geröll statt Wasser führt.

Man stößt hier auf eine Welt, in der es weder pflanzliches noch tierisches Leben gibt. Angesichts dieses Klimas stellt sich derselbe leblose und wüste Eindruck ein, den ein unbewohntes Haus vermittelt. Wenn aber ein Klima in diesem Sinne ‚wüst‘ genannt wird, so ist damit nicht nur der äußere Aspekt gemeint. Das Wort bezeichnet das Mensch und Welt einende Verhältnis, d. h. eben dieses Verhältnis ist ‚wüst‘. Wie ein Haus oder eine Stadt wüst sein kann, so auch ein Klima. Wüste ist also eine Seinsweise des Menschen, des Menschen als Individuum sowie als individuelles und soziales Wesen. Bei dem Phänomen Wüste handelt es sich folglich nicht um einen Aspekt der Natur, der sich gesondert vom Menschen betrachten ließ. [...]

Dieses Leben in Trockenheit ist ‚Durst‘, d. h. Leben auf der Suche nach Wasser. Die Natur draußen ist eine einzige Todesdrohung. Demjenigen, der die Hände in den Schoß legt und abwartet, gibt sie keinen Tropfen Wasser. Der Mensch muss sich dieser bedrohlichen Natur entgegenstellen, und auf der Suche nach ihren Schätzen, nämlich Weiden und Brunnen, ist er zu unstetem Umherstreifen gezwungen. Weideplätze und Brunnen werden so zum Gegenstand von Auseinandersetzungen zwischen einzelnen Gruppen (1. Buch Mose, 13:6, 26:20 ff.). Um am Leben zu bleiben, muss der Mensch also auch gegen seine Mitmenschen kämpfen. So haben sich beim Wüstenbewohner spezifische, seiner Umgebung entsprechende Eigenschaften ausgebildet: Das Verhältnis dieses Menschen zu seiner Welt ist in erster Linie bestimmt durch Widerstand und Kampf, denn die Natur bedroht ihn mit Tod. In dem Maße, in dem er seines Todes ansichtig wird, wird er sich aber auch seines Lebens bewusst. [...]

Ein zweites prägendes Moment besteht darin, dass die Menschen sich im Kampf gegen die Natur zusammenschließen, denn der Einzelne vermag in der Wüste nicht zu überleben. Der Wüstenbewohner zeichnet sich also durch seinen Sinn für Solidarität aus, denn nur gemeinsam können die Menschen der Wüste Oasen und Brunnen abgewinnen. [...] In diesem Kampf mit der Natur verbündet sich der Mensch mit anderen; zugleich werden diese anderen auch seine Feinde. Der Kampf mit der Natur ist zugleich ein Kampf mit dem Menschen. [...] Diese Eigenschaften könnte man zusammenfassend als willensbetonten Realismus bezeichnen, als Gegenteil von ‚kontemplativ und emotional‘.“

Das Wiesenklima

„Das Klima Europas lässt sich [...] als eine Synthese von Feuchtigkeit und Trockenheit definieren. Anders als in den Monsungebieten kommt hier die Feuchtigkeit jedoch nicht durch intensive Sonneneinstrahlung zustande. Hier bringt Sommer Wärme und Trockenheit [...] und der Winter bringt Kälte und Feuchtigkeit. [...] Wir haben das Charakteristische des wiesenhaften Klimas als sommerliche Trockenheit verstanden. Da Feuchtigkeit und Hitze sich hier nicht miteinander verbinden, ist die Natur hell, gehorsam und rational. [...] Mensch und Natur blicken sich offen an und vertrauen einander. [...] Die Harmonie mit einer Natur [...] führte zu ihrer Vermenschlichung, zu dem, was wir als anthropozentrische Haltung bezeichnen. Befreiung des Menschen von der Natur bedeutet in diesem Fall also die Befreiung vom Kampf mit der Natur.“

Das Monsunklima

„Das Wort ‚Monsun‘ leitet sich angeblich vom arabischen ‚mausim‘, Jahreszeit, ab. [...] Während des Sommermonsuns fließt aus dem tropischen Meer eine starke Luftströmung mit sehr hohem Feuchtigkeitsgehalt landeinwärts und lässt ein in der Welt einzigartiges Klima entstehen. Allgemein gesprochen kann der ganze ostasiatische Küstenbereich, einschließlich Japans und Chinas, der Monsunzone zugerechnet werden. [...]

Die Welt wird zu einem Ort, der überquillt von Leben. Hier bedeutet Natur nicht Tod, sondern Leben schlechthin; der Tod gehört auf die Seite der Menschen. Das Verhältnis des Menschen zu seiner Welt ist hier folglich nicht durch Widerstand, sondern durch ein passives Sich-Fügen gekennzeichnet. Die Trockenheit der Wüste ruft das genau entgegengesetzte Verhalten hervor.

Diese Feuchtigkeit steht jedoch auch für die Gewaltsamkeit der Natur. Wenn Feuchtigkeit und Hitze sich verbinden, überfallen sie den Menschen immer wieder mit sintflutartigen Regenfällen, mit Taifun, Überschwemmungen und Dürre. Diese geballten Angriffe sind von solcher Gewalt, dass der Mensch jede Hoffnung aufgeben muss, sich ihnen widersetzen zu können, und nichts weiter tun kann, als über sich ergehen zu lassen. In der Trockenheit lebt der Mensch zwar ständig im Angesicht des drohenden Todes, bei der Trockenheit handelt es sich jedoch nicht um eine Kraft, die ihm zugleich neues Leben schenkt. In der Wüste vermag der Mensch aus eigener Kraft der Todesdrohung zu begegnen; Resignation hieße hier Einwilligung in den Tod. Die Gewaltsamkeit der Natur in Form von Feuchtigkeit hingegen ist die Bedrohung durch eine lebensspendende Macht. [...] Sich Fügen heißt in diesem Fall, sich ins Leben fügen. [...] Der Mensch der Monsunzone ist also charakterisiert durch Passivität und Resignation."

Der Konflikt von Grün und Grau

So unterscheidet Watsuji zwischen dem Wiesenklima mit einer anthropozentrischen, intellektuell-beobachtenden Lebensweise, dem Wüstenklima mit einer extrem willensgelenkten, praxisorientierten Lebensweise und dem Monsunklima mit einer gefühlsbetonten, kontemplativen Lebensweise. Im Wüstenklima ist die Natur mit ihrer Landschaft eine ständige existenzielle Herausforderung. Im Wiesenklima sind Natur und Landschaft ein existenzsicherndes Versprechen. Im Monsunklima ist man Natur und Landschaft ausgeliefert.

Als im frühen Mittelalter das Christentum die Territorien nördlich der Alpen eroberte, importierte es die aus der Wüste stammende Bewusstseinsstruktur. Die Kelten wurden nach Irland verjagt. Das Wissen um die Einheit von Mensch und Natur wurde zugeschüttet. Heute zeigt sich dieses Wissen wieder, und viele Menschen unserer Zeit berichten davon, in der Kunst, der Medizin, der Philosophie oder in der Psychologie.

Wenn eine Kultur in der Wiesenkultur wurzelt, so möchte man annehmen, ist es selbstverständlich, dass Bäume wichtiger sind als Steine. Dennoch feierte der Bund Schweizer Architekten sein 100-jähriges Jubiläum nicht auf dem Rütli, sondern auf der Akropolis.

Die Mutmaßungen über eine „grüne genetische Veranlagung" – oder Identität – der Schweizer lassen mich den Bezug zur Theorie des Biologen Rupert

119

Sheldrake über die morphologischen Felder ziehen. Dabei vertritt er die These, dass „lebende Organismen nicht nur Gene, sondern auch morphische Felder erben". Im Bereich des Menschen existiert eine solche Vorstellung bereits in C. G. Jungs Theorie vom kollektiven Unbewussten, das Sheldrake als eine Art erbliches kollektives Gedächtnis versteht. In diesem Verständnis wird die „Identität" einer Stadt zum Ausdruck einer von der Vergangenheit geprägten Gegenwart, und dies nicht nur als „Geschichtsbuch", sondern als eine „genetische Veranlagung".

Im unterschiedlichen Selbstverständnis eines Menschen liegen also nach Watsuji die Wurzeln eines Gottesbildes, respektive einer Religion: Das Wüstenklima bildet den Hintergrund für die jüdisch-christlich-mohammedanische, das Wiesenklima für die keltische, schamanische und indianische und das Monsunklima für die hinduistisch-buddhistische Bewusstseinsstruktur.

Im Norden Europas überlagern sich zwei radikal verschiedene, vom Klima bestimmte Bewusstseinsstrukturen: Unsere tiefen Strukturen wurzeln im „Wiesenklima". Dort kann man der Natur vertrauen. Man weiß, dass nach dem Winter das Gras wieder wachsen wird und das Überleben gesichert ist. Es entsteht ein ungebrochenes Vertrauen in die Natur und ein Gottesbild der Einheit von Mensch und Göttlichem. Die Sonne ist „weiblich", sie nährt und sorgt für den Menschen, im Süden ist sie „männlich" und bedroht das Überleben.

Diese Einheit von Mensch und Natur ist nachzulesen in der berühmten Rede von Chief Seattle vor dem amerikanischen Senat, in der er darauf aufmerksam macht, dass man Land nicht kaufen kann. Sie zeigt sich zudem auch in den Ornamenten und Liedern der keltischen Kultur. In dieser Welt ist Rationalität nur eines der verschiedenen Potenziale des menschlichen Seins. Emotionalität, Sinnlichkeit und Spiritualität sind genauso bedeutende Aspekte. Der Gottesdienst wird unter der großen Eiche zelebriert. In der Gestalt des Raumes ist die Landschaft nicht ein Erweiterungsgebiet der Stadt, ihre Form nicht auf eine rationale und von der Ökonomie diktierte Ideologie reduziert.

Das Christentum hat seine kulturellen Wurzeln im „Wüstenklima". Die Natur ist eine Bedrohung. Der Mensch ist aus dem Paradies vertrieben und isst sein Brot im Schweiße seines Angesichtes. Die Zeit der Moderne hat die Rationalität zum zentralen Potenzial des Menschen gemacht. Der Mensch ist von der Natur getrennt und muss sich vor ihr schützen und abgrenzen. Er baut Mauern und macht aus den Dörfern Städte. Der Gottesdienst wird in verdunkelten Räumen gefeiert. Die Bäume werden „verarbeitet", und zurück bleiben „Wüsten".

Ich erzähle diese Geschichte, weil sie vielleicht eine Antwort gibt auf die besorgte Frage Marcel Meilis, wieso die Schweizer, ich könnte auch sagen die Kelten, die Bäume lieber haben als die Mauern. Städtebau, Architektur oder Stadtplanung sind immer eine Reflexion der Werthaltungen einer Gesellschaft mit ihren spezifischen kulturellen Wurzeln. Die verschiedenen Werthaltungen erzeugen verschiedene Religionen, aber auch verschiedene Häuser und Städte. Diese Unterschiede müssen wir respektieren und im Hinblick auf die neuen Werte der Zeit jenseits der Moderne kritisch hinterfragen.

In dem global gewordenen Bewusstsein der Stadt jenseits der Moderne werden wir auf die widersprüchlichen Aussagen aufmerksam gemacht, die unsere Stadt prägen. Ich bin sowohl Kelte als auch Römer. Ich habe den Taoismus kennengelernt, bin in Nigeria mit archaischen und in Ägypten mit mythischen Schichten des menschlichen Bewusstseins in Kontakt gekommen.

Wir sind mit einer anspruchsvollen neuen Aufgabe konfrontiert. Wir werden gezwungen, uns mit einer neuen Polarität auseinanderzusetzen. Wir müssen global und lokal denken, fühlen und ahnen. Es könnte sein, dass diese Differenz zwischen den Kulturen Europas jetzt hinfällig wird. Das sich immer stärker manifestierende Bewusstsein von der Bedeutung einer globalen Verantwortung des Menschen für die Umwelt wird uns vielleicht zwingen, die in der Wüste verankerte Position für immer aufzugeben.

Die Reintegration verschütteter Potenziale

Dem „grauen" Weltbild gegenüber steht eine städtebauliche Position, die gegenwärtig vor allem nördlich der Alpen erscheint und nach einer Versöhnung von Stadt und Natur sucht. Sie geht eher vom Bestehenden aus und versucht, neben dem Rationalen und Technischen das Emotionale und das „weibliche Prinzip" zu integrieren.

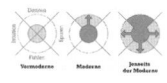

S. 176

Der italienische Architekt Vittorio Lampugnani stellt immer wieder fest, dass heute „das Stadtverständnis in unserer Gesellschaft und in unserer Disziplin zerbrochen ist". Dem kann ich nur zustimmen, wenn ich es auch anders formulieren würde. Wenn er aber die „Rückbesinnung auf die Tradition der Stadt" fordert, ist das für mich der falsche Weg. Die Suche nach der Gestalt der Stadt für die Zeit jenseits der Moderne ist nicht eine formale Aufgabe, sondern zuerst einmal ein Verstehen und Integrieren der Prägungen und Wertvorstellungen unserer Zeit. Nicht das funktionale Stadtverständnis der Gesellschaft ist zerbrochen, sondern das, was Nietzsche die „mythische Heimat" nennt. Der amerikanische Mythenforscher Joseph Campbell schrieb dazu: „Das Problem, vor dem wir stehen, ist [...] entscheidend für unser Menschsein: Wir müssen dafür sorgen, dass die Mythologie – die Anordnung der bezeichnenden Signale, der Affektbilder, der energiefreisetzenden und –lenkenden Zeichen, die wir an unsere Kinder weitergeben, geeignete richtungsweisende Botschaften übermitteln, sodass sie voll und lebendig in der Welt aufgehen können, in der sie ihr Leben zubringen müssen, und sich nicht in eine ferne Vergangenheit, in eine fromm herbeigesehnte Zukunft oder schlimmstenfalls in eine [...] vorübergehende Modetorheit verrennen. Ich behaupte, dass dieses Problem entscheidend ist, denn wenn es schlecht gelöst wird, so hat dies für den Einzelnen zur Folge, dass er – mythisch gesprochen – in eine ‚wüste Stadt' gerät."

Deshalb müssen die eigenen Prägungen bei der Betreuung der Transformation unserer Stadt sehr sorgfältig analysiert werden. Repräsentieren sie Werthaltungen, die „aus einer fernen Vergangenheit" stammen und nur aus dem Grund wieder attraktiv geworden sind, weil sie Ruhe und Ordnung versprechen? Verheißen sie eine „fromm herbeigesehnte Zukunft" und vermögen sie, die Konflikte in der realen Welt mit ihrer neuen Komplexität und Widersprüchlichkeit zu ignorieren? Werden die neu entdeckten Prägungen zu „Modetorheiten".

Die nordatlantische Gesellschaft ist mitten in einem revolutionären Prozess, in dem sie den „Meta-Erzählungen" (Jean-François Lyotard) der Moderne keinen Glauben mehr schenkt. Die „Meta-Erzählungen" sind in der Religion, der Politik, der Wissenschaft und beim Umgang mit der Gestalt der Stadt entstanden. Ich bin oft erstaunt, mit welchen Berührungsängsten die Gestalter der Stadt mit den „Erzählungen" der Stadt jenseits der Moderne zu kämpfen haben: dem Wechsel von Wahrheiten zu annähernden Beschreibungen, der Suche nach Reintegration der Sinnlichkeit und der Emotionalität der Menschen unserer Zeit, die Wiederentdeckung des Individuellen als Qualität und nicht als Gefahr für das Kollektive, der Ersatz der linearen Prozesse durch zyklische Prozesse, eine sich immer stärker manifestierende Bewusstheit für die Polarität der Stadt zwischen Ordnung und Freiheit oder Kontinuität und Veränderung, oder die neue, tief verankerte Sehnsucht nach der Einheit von Mensch und Kosmos. Die Gesellschaft verlangt von den Gestaltern, dass sie für neue „Prägungen" die entsprechenden Strukturen und Formen für die physische Stadt finden, so wie die Ökonomen für die Wirtschaft der Stadt und die Priester-Philosophen für das spirituelle Leben der Stadt zu sorgen haben.

Aus komplexen und widersprüchlichen Informationen muss der Gestalter – Architekt, Städtebauer oder Raumplaner – diejenigen Bilder herausfiltern – als strukturelle Ordnung oder als Form –, die von der Gesellschaft als „geeignete richtungsweisende Botschaften" akzeptiert werden. Nur dadurch kann ein gesellschaftlicher Bewusstseinsprozess in Gang gehalten werden, der unerlässlich ist, um nicht Gefahr zu laufen, in eine „wüste Stadt" zu geraten.

Das Bewusstsein für die Bedeutung ökologischen Handelns ist für mich eine der Erscheinungsformen der neuen Spiritualität. Vordergründig zeigen sich wissenschaftlich-technische Aufgaben: Energie sparen, Recycling, Gewässerschutz, Verlagerung vom privaten auf den öffentlichen Verkehr. Sie sollen das Überleben der Menschheit sichern. Darunter liegt aber eine tiefere Schicht, die über die anthropozentrische Sicht hinausreicht. Der alte Gott hat fast überall die Stadt verlassen und leere Gotteshäuser zurückgelassen, weil die steinernen Kirchen der Sehnsucht der Menschen nicht mehr entsprechen. Vielleicht suchen die Menschen in der Stadt über das Streben nach der Einheit von Mensch und Natur wieder eine spirituelle Heimat, die nicht nur aus Stein, Glas und Stahl besteht. Wir begegnen einer Flut von Publikationen über die Möglichkeit, mitten

in der Stadt auf dem Balkon, im Vorgarten oder auf dem Dach eigenes Gemüse anzubauen. Die neuen Landschaftsarchitekten reden von essbaren Stadtlandschaften; und der alte Magier Jean Nouvel versteckt das Musée du Quai Branly in Paris, das den *arts premiers* gewidmet ist, hinter einer dichten Wand mit Pflanzen aus aller Welt. Das alles ist mehr als ein modischer Trend.

Die Einheit von Mensch und Natur

Meine Reisen nach China waren mehr als Besuche in einem fremden Land. Ich musste und wollte die Wurzeln seiner Kultur kennenlernen, um sinnvolle Antworten auf viele Fragen geben zu können. Dazu brauchte ich „kulturelle Übersetzer", weil gewisse Phänomene im Originaltext für mich nicht verständlich waren. So gelang es mir zum Beispiel nicht, mich in der Welt der Orakeltexte des I Ging zurechtzufinden. Aber ich fand wunderbare „Übersetzer" in Alan Watts, C. G. Jung oder Joseph Needham.

Die Wurzeln der Kultur des „Ostens" sind anders. Es hat lange gedauert, bis die Menschen im „Westen" bereit waren, die Unterschiede zu akzeptieren. Erst wenn dies geschieht, können erstarrte Dogmen hinterfragt und vielleicht sogar aufgelöst werden.

Eine der zentralen kulturellen Verschiedenheiten betrifft das Verhältnis des Menschen zur Natur, das wiederum das Verhältnis des Menschen und seiner Stadt reflektiert und beeinflusst wird vom Klima des Ortes und der Religion. Lesbar werden diese Prägungen auch in der Kunst; sie ist ein wunderbarer Spiegel des kulturellen Bewusstseins.

S. 177

In der chinesischen Kunst wurde in der Vergangenheit immer wieder die Einheit von Natur und Mensch zelebriert; in der westlichen Kunst lag die Aufmerksamkeit auf dem Bild des Menschen. In der westlichen Moderne ist die Struktur der Stadt funktional bestimmt; die Struktur der traditionellen chinesischen Stadt war in der Symbolik der mythologischen Zeit verankert. Die westliche Moderne trennte die Aspekte des Seins; in der östlichen Tradition sind sie verbunden.

S. 177

Dazu schreibt der amerikanische Mystiker und Philosoph Ken Wilber: „Charakteristisch für das Verständnis des kosmischen Raums des Ostens ist die Einheit von Mensch und Raum, von Geist und Materie und von Kollektivem und Individuellem. Der westliche moderne Mensch hat das All, von dem er aus östlicher Sicht ein Teil ist – und aus westlicher spiritueller Sicht ein Teil ist – ausgegrenzt, es auf seine Umwelt reduziert. Er hat die [...] verschiedenen Aspekte des Seins der Welt isoliert oder vergraben. Dieselbe Ausgrenzung hat er mit seinem Körper vorgenommen. Der heilige Franziskus nannte seinen Körper den ‚armen Bruder Esel‘ und die meisten Menschen meinen wirklich, dass wir auf unserem Körper herumreiten wie auf einem Esel.“

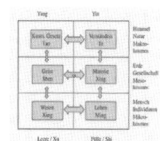
S. 177

Roman Malek schreibt in seinem Buch *Das Tao des Himmels* von der Bedeutung, die der Zuwendung des Europäers zur östlichen Kultur zukommt: „Der moderne westliche Mensch muss eine grosse Anstrengung unternehmen, um sich in dieses traditionelle chinesische Weltgefühl hineinzudenken. Wir sind so daran gewöhnt, die physische Welt als etwas ‚ausser uns‘, als eine meist feindliche Umgebung (Um-welt) zu sehen, oder als ein rein materielles Objekt für unsere Ausbeutung, dass wir den chinesischen Sinn für die Ganzheit des Universums [...] kaum richtig erfassen können. Von dieser Ganzheit ist der Mensch ein Teil, nur ein Teil zwar, aber ein wirklicher Teil, denn der chinesische Mensch betrachtet sich (traditionell) als ein Wesen, eine Erscheinungsform in der Welt neben vielen anderen, denen er mit Respekt, ohne den Wunsch sie zu beherrschen, gegenübertritt. [...] Der Natur folgen, sich von ihr beeinflussen lassen, sie höchstens lenken, [...] sie pflegen und auch rituell ordnen – dies ist das ideale, aus dem Weltverständnis resultierende chinesische Weltverhalten, und man kann es nur als eine Übertragung von universalen Normen ins Menschliche und Gesellschaftliche verstehen.“

Jung ist in seinem Kommentar zum *Geheimnis der goldenen Blüte* anfangs noch skeptisch, ob die Überbrückung des trennenden Abgrundes dem westlichen Menschen zugemutet werden könne. Er schreibt, dass es „für den westlichen Menschen besser [sei], er wisse zunächst nicht zu viel von der geheimen Einsicht östlicher Weiser“, denn es wäre das „richtige Mittel in der Hand des verkehrten Mannes“. In den Schlusssätzen scheint dann aber dieser Vorbehalt überwunden: „Das abendländische Bewusstsein ist unter keinen Umständen das Bewusstsein schlechthin. Es ist vielmehr eine historisch bedingte und geographische beschränkte Grösse, welche nur einen Teil der Menschheit repräsentiert. Die Erweiterung unseres Bewusstseins soll nicht auf Kosten anderer Bewusstseinsarten gehen, sondern soll durch die Entwicklung jener Elemente unserer Psyche, die den Eigenschaften der

fremden Psyche analog sind, zustande kommen. Die europäische Invasion
im Osten war eine Gewalttat grossen Stils, Sie hat uns [...] die Verpflichtung
hinterlassen, den Geist des Ostens zu begreifen. Das ist uns vielleicht nö-
tiger, als wir derzeit ahnen."

In meinem Buch *Learning from China* wählte ich den gleichen Ansatz. Ich
versuchte, mithilfe des Taoismus einen „Ortswechsel des Denkens" zu voll-
ziehen, um Hinweise für die Betreuung der Transformation der westlichen
Stadt zu finden. Ich rede bewusst provokativ von der Stadt „jenseits der
Moderne", weil ich überzeugt bin, dass in der Diskussion über die Stadt die
klassische Moderne zu einer schwierigen Altlast geworden ist. Die sogenannte „Europäische Stadt" existiert als Residuum, als alte Schicht im geo-
logischen Aufbau der Stadt. Sie muss mit Sorgfalt und Respekt behandelt
werden, ist aber im ständigen Prozess der Transformation nur noch be-
schränkt tragfähig.

Als Laotzi nach einer langen Zeit der Meditation auf seinem Büffel reitend
wieder in die Stadt zurückgekommen ist, soll er sein Buch *Tao Te King* (*Dao-
dejing*) geschrieben haben. In Vers 60 steht: „Eine grosse Stadt sollst du
regieren, so wie du kleine Fische brätst."

Stadtplanung war in der westlichen Moderne Planung des gebauten Raumes: das Graue, Steinerne, Feste, Mineralische, Technische. Die Natur war
das, was sich jenseits der Grenzen der Stadt befand. Alle östlichen Weis-
heitslehren weisen uns aber auf die Nicht-Zweiheit hin. Sie lehren, dass
Körper und Seele oder Mensch und Natur eine Einheit bilden. Der Taoist
versteht sich als Teil des Kosmos, der Himmel und Erde umfasst. „So betrachten [die Taoisten] die Natur [...] nicht als toten regungslosen Stoff, sondern als einen lebenden, atmenden Organismus. Sie sehen eine goldene
Kette aus geistigem Leben, die jede Form der Existenz durchläuft und alles,
was droben im Himmel oder unten auf der Erde existiert, zusammenbindet,
in einem lebenden Körper."

Einer der zentralen Hinweise der taoistischen Praxis heisst deshalb „Handeln mit hoher Achtsamkeit". **Damit ist für mich mit wenigen Worten gesagt, was im Westen wie im Osten die Essenz des Städtebaus sein sollte:
Aufmerksamkeit auf die Bedürfnisse der Menschen und die Qualitäten
des Ortes.** Wir können und müssen die Stadt nicht neu erfinden. Aber wir
müssen uns darum kümmern, dass sie nicht dumpf, banal oder aggressiv

und autistisch wird. Dazu brauchen wir Innovation und Kreativität, verknüpft mit Methoden, Verfahren und Instrumenten, die günstige Voraussetzungen schaffen. Es sind Methoden und Verfahren, die von einem Dialog zwischen den verschiedenen Partnern der Stadt bestimmt sind.

Eine imaginäre Reise nach Japan

Ich bin fasziniert von Japan, ohne je dort gewesen zu sein. Ich bewundere die Architektur, die Filme und die Kunst, die von einer ganz anderen Welt berichten. Ihre Welt und ihre Stadt müssen andere Wurzeln haben.

Mit zwei Büchern will ich davon berichten:

Die Basler Architekten Katharina und Wilfried Steib haben mir ein dickes Buch über den kaiserlichen Landsitz Katsura geschenkt. In der Einleitung schreibt der japanische Architekt Arata Isozaki vom Unterschied zwischen uns und ihnen:

„Der klassische (westliche) Park erstreckt sich symmetrisch beiderseits einer zentralen Achse nach dem Grundsatz, dass der Mensch über die Schöpfung herrscht; in seinem Verlangen, sie sich untertan zu machen, verknüpft er jede Ansicht des Gartens mit den Grundsätzen der Perspektive, so dass sämtliche Ausblicke bis ins Innere der Gebäude hinein verlängert werden. Der westliche Garten ist um das Haus herum angelegt. Er ist die untergeordnete Erweiterung des Hauses. [...] In Japan dagegen sind die Umwandel- oder Lustgärten so angelegt, dass sich keine Achsen bilden; sobald eine Achse entstehen könnte, scheint schon eine andere aufzutauchen, und dies bewirkt, dass der Blick frei bleibt. Die Ablehnung der Symmetrie und der perspektivischen Sicht ist ein Grundelement der japanischen Kultur."

S. 178

Ich bin immer wieder angetan von dem Buch *Lob des Schattens* von Tanizaki Jun'ichirō, in dem auch er von den unterschiedlichen Wahrnehmungsweisen spricht, „gewonnen aus der schmerzlichen Auseinandersetzung mit dem Vordringen westlicher Zivilisation": „Meiner Meinung nach ist es die Art von uns Ostasiaten, die Umstände, in die wir einbezogen sind zu akzeptieren und uns mit den jeweiligen Verhältnissen zufriedenzugeben. Deshalb stört uns das Dunkel nicht, wir nehmen es als etwas Unabänderliches hin; wenn es an Licht fehlt, sei's drum – dann vertiefen wir uns eben in der

Dunkelheit und entdecken darin eine ihr eigene Schönheit. Demgegenüber sind die aktiven Menschen des Westens ständig auf der Suche nach besseren Verhältnissen. [...] [Sie] streben unablässig nach Helligkeit und mühen sich ab, selbst den geringsten Schatten zu verscheuchen."

Ich kann mir nicht vorstellen, auf einer Tatami-Matte in einem kalten Haus mit Wänden aus Papier zu schlafen. Die Schönheit japanischer Häuser aber ist zweifelsfrei. Ich nehme zur Kenntnis, dass in der alten japanischen Stadt die Häuser in der zeitlichen und nicht in der örtlichen Reihenfolge nummeriert wurden. Ich habe auch gehört, dass Geishas sich die Zähne schwarz färben. Es scheint vieles anders zu sein. Schade, dass ich nie dort gewesen bin.

Die Reintegration von Sinnlichkeit und Emotionalität

Zunächst möchte ich an dieser Stelle den Biochemiker Gottfried Schatz sprechen lassen – in einer wunderbaren Präsentation des Themas:

„Wie ist die Welt um mich beschaffen?

Ich kann sie sehen, riechen, hören, betasten und schmecken, doch obwohl für diese Sinne Hunderte verschiedener Sensoren und mindestens ein Zehntel meiner Gene einsetzte, öffnen sie mir nur ein schmales Tor zur Wirklichkeit. Meine Augen sehen nur einen verschwindenden Teil des immensen elektromagnetischen Spektrums, meine Ohren sind taub gegenüber tiefen und hohen Tönen und meine Nase ist stumpf gegenüber Millionen von Düften, die mich umgeben. [...] Welche Welt würde sich mir erschliessen, wenn ich ultraviolettes oder infrarotes Licht sehen, Ultraschall hören, elektrische Felder spüren oder das Magnetfeld der Erde wahrnehmen könnte? [...]

Seine höchste Vollendung findet der Magnetsinn in Zugvögeln, die sich auf ihren weltweiten Reisen je nach Umweltbedingungen an der Sonne, den Sternen und dem Magnetfeld der Erde orientieren. Sie verwenden dazu wahrscheinlich mindestens zwei verschiedene Magnetsensoren. Der erste besteht wie bei Bakterien und Fischen aus Magnetitkristallen, befindet sich im Schnabel und misst die Stärke des Magnetfelds. Der zweite Sensor sitzt in den Augen und dürfte vor allem die Richtung der magnetischen Feldlinien erkennen. [...]

Könnte es sein, dass das Magnetfeld der Erde auch mich beeinflusst? Mein Gehirn besitzt zwar Magnetitkristalle, doch nichts deutet darauf hin, dass sie mir einen sechsten Sinn verleihen. Dennoch würde ich es nicht ausschließen, dass manche Menschen einen überentwickelten Magnetsinn besitzen und deshalb Verzerrungen des irdischen Magnetfelds durch Wasseradern oder Erzlager fühlen können.

Ich weiss so wenig von der Welt, die mich umgibt, und jede Frage zeigt mir aufs Neue, die Grenzen meiner angeborenen Sinne. Um diese Grenzen zu erweitern, schaffen wir uns unablässig neue Sinne: magnetische Augen, um in das Innere unseres Körpers zu blicken; elektronische Finger, um einzelne Atome abzutasten; und gigantische Ohren, um nach Radiosignalen aus den Tiefen des Universums zu lauschen. Diese neuen Sinne schenken uns faszinierende Einblicke in das Wirken unseres Körpers, die Natur der Materie und die Geschichte des Universums, doch da sie Maschinen sind, sprechen ihre Signale nicht zu uns, sondern zu anderen Maschinen. Unsere neuen Sinne sind von uns geschaffen, aber nicht Teil von uns – und weil sie unser Herz vergessen, können sie uns nie ganz befriedigen. Die biologischen Signale unserer Sinnenwelt – der Schrei einer Möve, das Leuchten eines Glühwürmchens oder der Duft einer Rose – sprechen dagegen direkt zu unserem Herzen und lassen uns ahnen, dass wir Teil eines grösseren Ganzen sind. Selbst wenn wir das Magnetfeld der Erde nicht wahrnehmen können."

Die Zeit der Moderne war ein Zeitabschnitt der intensiven Vertiefung unserer Wahrnehmung der Welt durch das Potenzial des Denkens. In diesem Potenzial liegt jedoch auch die Gefahr einer Verengung unserer Wahrnehmung. Dies lässt sich beispielsweise am Phänomen Hundertwasser demonstrieren:

In den 1960er-Jahren beschäftigte ich mich in vielen Gemeinden mit der touristischen Entwicklung und habe darüber publiziert. Aus diesem Grund wurde ich von Rudolf Wurzer, damals Professor für Raumplanung an der Technischen Universität Wien, zu einem Vortrag eingeladen. Ich benutzte die Gelegenheit, um das inzwischen weltberühmt gewordene Wohnhaus von Friedensreich Hundertwasser zu besuchen. Damals sollen mehr Touristen an die Schlossgasse als zur berühmtesten Wiener Sehenswürdigkeit, dem Schloss Schönbrunn, gepilgert sein. Auch mich hat das Haus berührt, wie es ein Märchen tut, das von einer anderen Welt berichtet. Nicht, dass ich dort gerne gewohnt hätte. Vielleicht war es eine „romantische Sehnsucht"?

S. 178

Dem Bau war eine hitzige öffentliche Diskussion vorausgegangen. In einem Brief vom 30. November 1977 schreibt Bruno Kreisky, Bundeskanzler der Republik Österreich: „Ich wüsste allerdings nicht, wem es nützen sollte, Hundertwasser bei der Anhörung seiner Vorschläge [...] wie einen Angeklagten vor ein Tribunal zu laden, welches von der Zusammensetzung und von der Natur der Sache voreingenommen sein müsste. Wir sollten, glaube ich, zu einem Punkt kommen, wo wir nicht nur aus Sympathie zu Hundertwasser und seinen Ideen ‚ohnehin alle grundsätzlich dafür‘ sind, sondern diesem Mann, der mit seinen Überzeugungen auch die ‚romantische Sehnsucht‘ der Bevölkerung vertritt, Möglichkeiten geben, die sterile Uniformiertheit zu bekämpfen.“

Noch 25 Jahre später war die Kontroverse nicht beigelegt: Am 20. November 2005 wurde im Deutschen Architekturmuseum in Frankfurt a. M. eine Ausstellung mit dem Titel „Friedensreich Hundertwasser – Gebaute Träume und Sehnsüchte“ eröffnet. Aus diesem Anlass fragte der renommierteste deutsche Architekturkritiker jener Zeit in einem Artikel für die *Frankfurter Allgemeine Zeitung*: „Heißt es verstockt sein, wenn man Friedensreich Hundertwasser noch scheußlich findet?“ Hundertwassers Bauten seien „kindisch, sie infantilisieren Würdemotive abendländischen Bauens so, wie es sonst nur Rummelplätze oder Feriensiedlungen des Massentourismus tun“. Der Bund Deutscher Architekten war anscheinend der gleichen Meinung. Ich stelle mir die Frage, ob Märchen auch „infantile Würdemotive der abendländischen Kultur“ sind oder ob sie von der „romantischen Sehnsucht“ der Menschen berichten.

Eine Befragung irgendwo zwischen Mexiko und Arizona

Wir dürfen die Erweiterung unseres Bewusstseins nicht auf die Unterschiede zwischen – einem räumlich wie kulturell sowieso kaum sinnvoll einzugrenzenden – Ost und West reduzieren. Die Herausforderung ist global. Dazu gehören auch die Wiederentdeckung und Integration der indigenen Kulturen Amerikas.

In den 1980er-Jahren kam ich mit bewusstseinsverändernden Drogen in Kontakt und gleichzeitig mit den Texten des amerikanischen Anthropologen Carlos Castanedas. In seinem Buch *Die Lehren des Don Juan – ein Yaqui-Weg des Wissens* berichtet er von seiner Begegnung mit einem alten Yaqui-Indianer, der im Ruf steht, ein Medizinmann und Zauberer zu sein: „[Er] erwirbt sich das Vertrauen Don Juans, der sein Lehrer wird und ihm mit Hilfe von ‚Mescalito‘ und ‚Peyote‘, pflanzlicher Rauschgifte, eine andere, Zeit, Raum und alles Menschliche überwindende Realität erschließt." Bevor Don Juan bereit ist, Castaneda als Schüler aufzunehmen, muss dieser eine geomantische Aufgabe lösen. „Er machte mich darauf aufmerksam, dass ich sehr müde auf dem Boden saß und dass es richtiger wäre, eine ‚Stelle‘ (*sitio*) auf dem Boden (der Veranda seiner Hütte) zu finden, wo ich ohne zu ermüden sitzen könnte." Eine Nacht lang sucht Castaneda nach dieser Stelle und meint, sie um zwei Uhr morgens gefunden zu haben. Dort schläft er ein. „Über meinem Kopf hörte ich Don Juan sprechen und lachen. Ich wachte auf. ‚Du hast die Stelle gefunden‘, sagte er" und nimmt Castaneda als Schüler auf.

In seinem Lebensbericht *Erinnerungen, Träume, Gedanken* erzählt C. G. Jung von seiner Begegnung mit Ochwiä Biano, einem Häuptling der Taos im Taos Pueblo in Mexiko: „Spricht man zu einem Europäer, so gerät man überall auf den Sand des Längstbekannten und doch nie Verstandenen, dort aber schwimmt das Schiff auf fremden, tiefen Meeren. Dabei weiss man nicht, was entzückender ist, der Anblick neuer Gestade oder die Entdeckung neuer Zugänge zum Uraltbekannten und Fastvergessenen. ‚Sieh‘, sagte Ochwiä Biano, ‚wie grausam die Weissen aussehen. Ihre Lippen sind dünn, ihre Nasen spitz, ihre Gesichter sind von Falten gefurcht, ihre Augen haben einen starren Blick, sie suchen immer etwas. Was suchen sie? Die Weissen wollen immer etwas, sie sind immer unruhig und rastlos. Wir wissen nicht, was sie wollen. Wir verstehen sie nicht. Wir glauben, dass sie verrückt sind.‘ Ich fragte ihn, warum er denn meine, die Weissen seien alle verrückt. Er entgegnete: ‚Sie sagen, dass sie mit dem Kopf denken.‘ ‚Aber natürlich. Wo denkst du denn?‘ fragte ich erstaunt. ‚Wir denken hier‘, sagte er und deutete auf sein Herz."

Die Entfremdung des europäischen Menschen vom Physischen und Emotionalen führte ihn zu einer wissenschaftlichen Raumvorstellung. Raumwissen (Astro-logie) wurde zu Raumwissenschaft (Astro-nomie). Dazu schreibt Marko Pogačnik in seinem Buch über die Theorie der Geomantik:

„Der wahre Ursprung der (europäischen) linearen Raumvorstellung liegt in dem unbewussten Verlangen des Menschen, die Welt um sich herum absolut kontrollieren zu können."

In der transpersonalen Psychologie existieren verschiedene Indizien dafür, dass das Gehirn – so die Ansicht des Neurologen und Nobelpreisträgers Sir John Eccles – eine Art lokaler Empfänger für ein unendliches Meer an Bewusstsein ist. Bewusstsein ist in diesem Modell nicht im Inneren des Kopfes eingesperrt. Es ist in der Lage, in entsprechenden Resonanz-Zuständen in innere und äußere Tiefen zu dringen, zu denen es auf der Ebene des personalen Alltagsbewusstseins keinen Zugang hat. Im selben Sinn gebrauchte auch der japanische Zen-Meister Suzuki Shunryū in seinen Vorträgen öfters den Begriff „big mind" („Großer Geist"), für den man sich durch die Praxis der Meditation zu öffnen lernt.

Meine letzte große Reise

Bei meiner Suche nach den Wurzeln der Gestalt der Stadt hat mich im Laufe meines Lebens der Zusammenhang von Klima-Religion-Stadt immer mehr fasziniert. Dabei verstehe ich „Religion" als Produkt des Weltbildes eines Menschen und nur sekundär als ein Satz von Mythen, Glauben und Ritualen. Meine Aufmerksamkeit galt den Wurzeln der Gestalt der Stadt in den verschiedenen Klimaregionen und den Ausprägungen des jeweiligen Weltbildes: Die runde Stadt der Azteken, der alten Ägypter und der Ibo in Nigeria, die quadratische Stadt der Römer und der Azteken oder die grüne Stadt der Indianer in Nordamerika und der Kelten und die rationale Stadt der europäischen Kultur.

Ich hatte das Gefühl, vieles gesehen und einiges verstanden zu haben. Im Herbst letzten Jahres erhielt ich eine Einladung für einen Vortrag an der Universität von Amman: „Reclaiming Public Spaces within Metropolitan Areas" (Reintegration des öffentlichen Raumes in Metropolitanregionen). Es war wieder eine Reise in eine mir bis dahin noch fremde Welt. Die Recherche nach den Wurzeln der alten arabischen Stadt wurde zu einer Entdeckungsreise. Reisebegleiter war ein alter Bekannter von mir: Stefano Bianca, langjähriger Direktor der Aga Khan Foundation, respektive sein Buch *Urban form in the Arab World* – und meine Enkelin Anna!

Zu dieser Reise fällt mir der von Schriftsteller Arthur Koestler geprägte Begriff „Holon" ein. Das Wort Holon hat seine Herkunft vom Griechischen ὅλος, hólos, „ganzes Seiendes". Ein System ist ein Holon, wenn es als Ganzes mehr ist als die Summe der Teile oder als Ganzes Teil eines anderen größeren Ganzen ist. Dabei hat das Ganze ein längeres Leben als die Teile, die es konstituieren. Unter sich bilden die einzelnen Elemente ein Rhyzom, ein unsichtbares Geflecht, das alle Teile miteinander verbindet und auch die Verbindung zur tieferen und höheren Ebene herstellt.

Das faszinierende am Holon „arabische Stadt" ist, dass es nicht, wie die europäische Stadt, von oben nach unten, sondern von unten nach oben entwickelt ist. Die Hofhäuser sind zuerst einmal eine um einen zentralen Freiraum aufgebaute, autonome kleine Welt. Mehrere Hofhäuser formieren sich dann zu einem Cluster. Die Häuser werden durch eine von den Eigentümern der Hofhäuser des Clusters gebaute Straße erschlossen. Diese Räume bleiben im Besitz der Partner des Clusters und bilden so autonome, halb-öffentliche Elemente in der Stadt. Die Cluster reihen sich längs einer Gasse auf, deren Nutzung von den Händlern bestimmt wird, die sich dort gruppiert haben.

S. 179

Das Wüstenklima ermöglichte in der Vergangenheit keine Sesshaftigkeit in der Wüste. Das Gleiche galt für das Überleben eines Einzelnen. Man musste sich in Stämmen zusammenschließen und gemeinsam von Wasserstelle zu Wasserstelle wandern. Dafür wurden keine Häuser, sondern Kamele und Zelte benötigt. Als die Sesshaftigkeit möglich wurde, prägte die immer noch präsente Vergangenheit die Gestalt der Stadt der arabischen Gesellschaft.

Als die Moderne in die arabische Stadt einbrach, wurde ihre traditionelle Gestalt zerstört. Ob das eine der Ursachen für die Konflikte in der arabischen Welt sein könnte? Ich lese von Fehden zwischen Stämmen und nicht zwischen Nationalstaaten. Wahrscheinlich muss die westliche Welt akzeptieren, dass in der arabischen Welt andere Werte gelten.

Im 12. Jahrhundert schrieb Ibn Abdun, ein andalusischer Richter, in einem Handbuch über den Umgang mit der arabischen Stadt auch von der Bedeutung der Stadt für die Menschen. Stefano Bianca hat den arabischen Text so übersetzt:

„As far as the town is concerned, it is the haven where man's spirit, soul and body find refuge and shelter."

2018
Die Reise in die innere Welt

Die erste Hälfte meines Lebens war geprägt von der Erkundung der äußeren Welt; meines Geburtshauses, als Schüler und Student in Zürich, auf Reisen nach Dänemark und Ägypten, Architekt, Familienvater, Raumplaner in der Schweiz, Städtebauer in Europa und Afrika.

Noch wenig bewusst begegnete ich 1962 dem Thema Spiritualität im Sinai. Ich fotografierte die Höhle, in der sich Moses vor seinem Gott versteckt haben soll, als er ihm den Text der Zehn Gebote übergeben wollte. Moses selbst ist nicht auf dem Bild, aber es zeigt ein magisches Licht in der Höhle, wie ein Hinweis auf einen heiligen Ort. Ich habe es zur Kenntnis genommen, ohne es zu interpretieren.

Mit 35 Jahren, fünf mal sieben Jahre alt, begann eine zweite große Reise: Die Erkundung meiner inneren Welt. Bücher wurden zu wichtigen Begleitern. Das erste las ich auf der Rückfahrt von Kreta: C. G. Jungs Lebensbericht: Erinnerungen, Träume, Gedanken. Es folgten *Halbzeit der Evolution* und *No boundaries* von Ken Wilber. Dann die wunderbaren Berichte von Alan Watts. Die Struktur seines Buches *Der Lauf des Wassers* wurde wegweisend für die Struktur meines Buches *Learning from China – das Tao der Stadt*.

Für mich waren weise Menschen hilfreich, die meine Ahnungen bestärkten. Einer der wichtigsten ist der Benediktinermönch Willigis Jäger. Ich traf ihn zum ersten Mal im Seminarhaus Monte Verità in Ascona. Seine heitere Ernsthaftigkeit hat mich tief beeindruckt. Sein Buch *Die Welle ist das Meer* ist zu einem meiner wertvollsten Begleiter geworden. Fragt mich jemand nach einem Buch über die Bedeutung der Spiritualität in unserer Zeit, weiß ich kein besseres. Jäger schreibt:

„Das Verhältnis des Einzelnen zum Ganzen im Kosmos [und damit auch zu seiner Stadt] lässt sich gut mit einem Hologramm vergleichen. […] Wenn man sich den Kosmos als ein Hologramm vorstellt, kann man sagen, dass jeder und jedes einen Punkt dieses Hologramms darstellt – alles ist in sich Darstellung des Ganzen [– auch die Stadt]. [...] Ein Holon ist ein Ganzes; aber ein Ganzes, das nicht für sich allein besteht, sondern zugleich immer auch Teil eines größeren Ganzen ist.

Das alte Paradigma lautete: ,Wir sind menschliche Wesen, die eine spirituelle Erfahrung machen.' Das neue Paradigma sagt: ,Wir sind spirituelle Wesen, die eine menschliche Erfahrung machen.' [...] Albert Einstein hat [es] auf den Punkt gebracht als er seine Frömmigkeit von der des traditionellen Christentums unterschied. Für diese sei ,Gott ein Wesen, auf dessen Sorgfalt man hofft, dessen Strafen man fürchtet' [...] – ein Wesen, zu dem man gewissermassen in einer persönlichen Beziehung steht, so respektvoll diese auch sein mag. Die Frömmigkeit [des Menschen jenseits der Moderne] hingegen liege ,im verzückten Staunen über die Harmonie der Naturgesetzlichkeit, in der sich eine so überlegene Vernunft offenbart, dass alles Sinnvolle menschlichen Denkens und Anordnens dagegen ein gänzlich nichtiger Abglanz ist'.[...] Unzweifelhaft ist dies Gefühl nahe verwandt demjenigen, das die religiös schöpferischen Naturen aller Zeiten erfüllt hat. [...]

Das Weltbild der modernen Naturwissenschaft entspricht weitgehend den spirituellen Erfahrungen der Mystik. [...] Gute Naturwissenschaftler haben das begriffen. Sie akzeptieren die Beschränktheit des logisch-rationalen Zugangs und entdecken die Mystik als Chance zum besseren Verstehen des Kosmos. [...] Die Mystik protestiert nicht gegen Ratio, Intellekt oder Verstand. [...] Mystik weist nur darauf hin, dass mit dem Verstand nicht die ganze Wirklichkeit erfassbar ist."

Die Stadt ist in ein holistisches System eingebunden. Zentral für diese Sicht wird dann die Beziehung der Stadt zu ihrem größeren Ganzen – die Natur der Erde.

Heute folgt meine Spiritualität einer Ahnung, dass ich Teil eines größeren Ganzen bin, so etwas wie ein kleiner Teil eines großen Gartens, in dem Blumen und Bäume wachsen und vergehen, wo Vögel singen und Füchse herumschleichen. Es könnte sein, dass ich in dem Garten ein Apfel an einem Apfelbaum bin; im Frühling aus den Säften der Erde geboren, im Sommer vom Baum getragen, löse ich mich im Herbst wieder in der Erde auf. In meiner Baumzeit sammle ich Erfahrungen von der Wärme des Tages und der Kälte der Nacht, von der Kraft der Stille und der Unruhe des Sturmes, von den

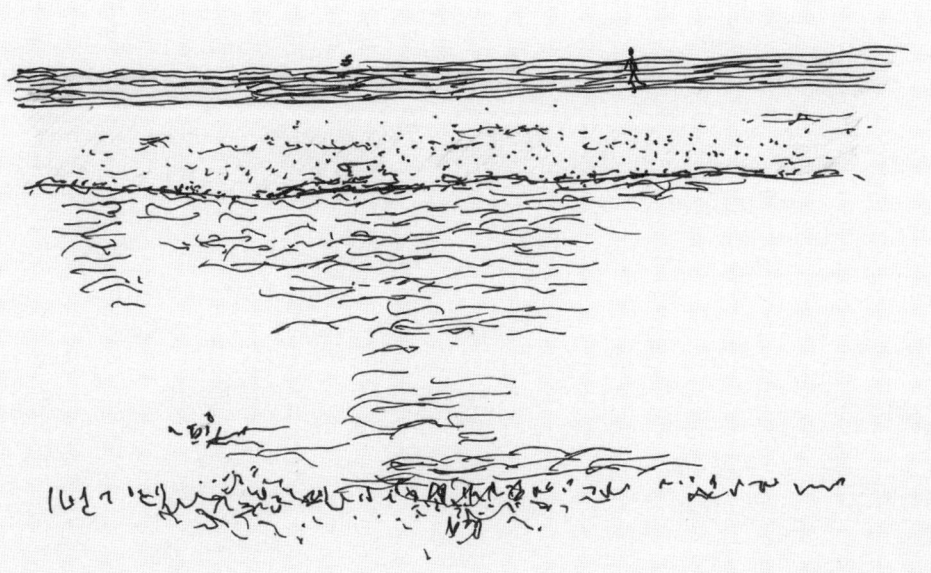

Keelestaro, India

Besuchen von Würmern, Wespen und Vögeln. Ich bin klein, hart und grün gekommen und groß, weich und rot gegangen. Diese Erfahrungen bringe ich mit, wenn ich mich in der Erde auflöse. Sie gehen ein in das Bewusstsein des größeren Ganzen und nähren das Bewusstsein der nächsten Generation der Äpfel, des Apfelbaumes, des Apfelbaumgartens oder des Kosmos, in dem der Apfelbaumgarten wächst und vergeht. Vielleicht ist Spiritualität wie das Gefühl, ein Funken des Feuers der Welt, eine Welle des kosmischen Meeres oder ein kleiner Teil im großen Energiefeld der Menschheit zu sein.

S. 179

Der englische Dichter William Blake hat geschrieben: „Es gibt Dinge, die man sieht, und es gibt Dinge, die man nicht sieht. Dazwischen gibt es Türen." Spiritualität ist für mich die Ahnung von diesen Türen, die Suche nach ihnen und die Sehnsucht, sie durchschreiten zu können.

Spiritualität ist nicht mehr eine Alternative zur Rationalität. Spiritualität steht für ein altes, sich wieder manifestierendes Bewusstsein der Einheit aller Dinge; ein Traum, der alle Aspekte des Lebens begleitet. Sie steht über allen Religionen, die nicht mehr autarke Dogmen, sondern verschiedene Pfade zu einem spirituellen Bewusstsein der Heiligkeit aller Dinge sind. In diesem Verständnis ist auch die Stadt mehr als nur ein Haufen aufgeschichteter Steine. **Sobald wir die Stadt als eine Ebene der globalen Struktur auffassen, wird sie zur Reflexion von uns selbst in einem umfassenden kosmischen System. Wir sollten uns um die Stadt in derselben Art und Weise kümmern, wie wir uns um uns selbst kümmern müssen.**

Die sich mit großer Kraft wieder manifestierende Spiritualität des Menschen handelt von seiner Rolle im Kosmos. Es entsteht ein neues Verhältnis zum All, zur Natur und der Landschaft oder, wie es im Taoismus heißt, „dem Wind, den du nicht greifen kannst, und dem Wasser, das du nicht erfassen kannst". Das zeigt sich besonders im Engagement für die „ökologische Stadt", im ganzen Spektrum ihrer Erscheinungsformen. Die Basis dieser Bewegung ist spirituell, wenngleich sie sich in der Praxis noch technisch zeigt. Es soll aber nicht nur um Verdichtung, Bewirtschaftung von Boden- und Gebäudebestand, Begrenzung der Umweltbelastungen, Verkehrspolitik, Energie- und Wasserbewirtschaftung, Schutz und Entwicklung der Grünflächen, Abfallbewältigung oder soziales Stadtmanagement gehen. Diese Themen werden in der Literatur intensiv behandelt. Ich möchte nicht alle vielfältigen Ansätze im Bereich der Stadtplanung, des

Städtebaus und der Architektur wiederholen. Sie sind wichtig, aber nur
Teilaspekte eines größeren Themas.

Heute kann ich über die neue Suche nach der Spiritualität der Zeit jenseits
der Moderne schreiben, weil ich über viele Jahre hinweg in meiner täglichen Arbeit immer wieder auf dieses Thema aufmerksam gemacht worden
bin, in Ägypten, Europa, Indien und China.

S. 179

Ich sehnte mich nach Stille und war mehrmals für lange Schweigemedi-
tationen im Haus der Jesuiten in Schönbrunn. Es entstand eine Freundschaft mit dem Jesuitenpater und Zen-Meister Niklaus Brantschen, einem
der Mitbegründer des Lasalle-Hauses, und die Idee für ein großes Projekt.
Die Vision war, in Jerusalem Frieden zu stiften. Wenn es in Jerusalem
keinen Frieden gibt, wird es im Nahen Osten keinen Frieden geben. Wenn
es im Nahen Osten keinen Frieden gibt, wird es in der Welt keinen Frieden geben. Ich wurde eingeladen an diesem Projekt mitzuwirken. Es ging
darum, den Weg zum Frieden über die „Stadt" zu suchen. In dem Projekt
waren zwei Professoren für Städtebau eingebunden, ein Jude und ein Palästinenser. „Friedensgespräche" sollten über ein Thema erfolgen, das
nicht mit Religion verknüpft war. Die technische Infrastruktur der Stadt
Jerusalem, deren Wasserversorgung, Abwassereinigung oder Stromversorgung verlangen nach Zusammenarbeit. Es gibt kein jüdisches oder ara-
bisches Wasser, es gibt nur Wasser. Wir hatten jedoch kein Glück. Im kritischen Moment kam es wieder zu einer Intifada, einem Aufstand der
Palästinenser gegen Israel. Ich hatte viel gelernt. Die „Stadt" Jerusalem
blieb im Kriegszustand.

An die Stelle von Meditationen und Gesprächen in Schönbrunn trat ein anderes „Kloster" in Kerala. Mein Sohn Michael machte mich auf den Ort
aufmerksam. Dort gab es für jeden Gast ein aus Lehm gebautes kleines Haus,
ohne Radio und Fernsehen und ohne Bier und Schnaps, dafür eine Ayurve-
da-Station, eine Bibliothek und einen endlosen einsamen Strand. Ich zeichnete meine Biografie und redete fast ausschließlich nur mit mir selbst.

2016 lud mich die Südtirolerin Witti Mitterer ein, sie bei ihrem Unterricht
an der Libera Università Maria Ss. Assunta in Rom zu unterstützen. Sie bie-
tet dort einen Master für Ökologisches Bauen an. Die Statuten der LUMSA
gründen auf der katholischen Kirche und beginnen mit „Die LUMSA fördert,
auf der Grundlage der christlichen Prinzipien, der katholischen Tradition

und der Verfassung, durch Studium und Forschung die Ermittlung der Wahrheit." Die Bischofskonferenz hatte Witti Mitterer gebeten, mit ihren Studenten in Decanati ein Projekt für eine neue Kirche auszuarbeiten. Die Stadt liegt an der Adria in der Nähe von Ancona, unmittelbar vor dem weltberühmten Wallfahrtsort San Loreto. Dort wurde im Mittelalter im Chor der Wallfahrtskirche das Haus der Maria wieder aufgebaut. Die Kreuzritter hatten die Originalsteine 1291 in Nazareth abgebaut und nach Italien gebracht.

Zu diesem Auftrag war es gekommen, weil die Kirche mit dem Ergebnis eines Architekturwettbewerbs in Decanati unzufrieden war. Das preisgekrönte Projekt war zu teuer, eine gewaltige Betonkiste mit kleinen Löchern und ohne jeden Bezug zum Ort. Das Bild der Kiste wird zum Symbol einer vergangenen Zeit: Der kleine Mensch steht vor einem anonymen Brocken. Die Aufgabe faszinierte mich. Mein Beitrag war der Versuch, von der Betreuung der Transformation der Stadt jenseits der Moderne zu berichten, Interesse für die neue Zeit zu wecken, ohne Wahrheiten zu formulieren. Wenn man die heutige Zeit ernst nimmt, auch in der Enge des katholischen Dogmas, wie könnte dann die Gestalt eines heiligen Ortes sein?

Es war nicht einfach, die Studenten von ihren traditionellen Klischees abzubringen. Wikipedia sagt, ein Klischee sei eine ehemals innovative Vorstellung, Redensart, ein Kunstwerk oder ein Stilmittel, die mittlerweile veraltet, abgenutzt oder überbeansprucht erscheint. Das alte Dogma berichtete von der Trennung von Geist und Natur: Das natürliche Licht musste gefiltert werden, über kleine Fenster mit gefärbten Gläsern. Ein Bauwerk durfte ein autonomes Objekt sein, das auf jeden Bezug zum Ort verzichtet, im Hinblick auf seine Gestalt sowie seine Materialien.

Wir suchten nach einer radikal anderen Kirche: einem neuen heiligen Ort, in dem sich unsere Seelen und ihre Sehnsüchte wiederfinden. Eine Kirche, die von der Einheit von Mensch und Natur berichtet, aber auch in der Erinnerung des Ortes verankert und aus ökologischen Baumaterialien gebaut ist; ein Haus also, das in der Natur Gast ist, und zum Teil des Gartens der Welt wird. Ob die Kirche bereit ist, unser Konzept zu bauen, weiß ich noch nicht. Für mich war es nochmals eine wichtige Suche nach der Einheit von Mensch und Natur.

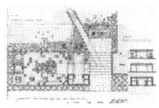

S. 180

Spiritualität eröffnet mir den Zugang zur inneren Welt, zu meiner eigenen, aber auch zur kollektiven kosmischen Welt. Ahnungen kommen mir zu, die

140

über das Physische hinausreichen. Sie berichten von dem, was auf Französisch „l'outre monde" genannt wird. Ohne diese Ahnungen wäre ich in dieser Welt nur Beobachter, Passagier oder Maschinist und damit Opfer eines feindlichen Kosmos oder Täter an einer nur physisch wahrgenommenen Welt. Mit meinen Ahnungen, die in einem Bewusstseinsbereich verankert sind, den wir Seele nennen, kann ich mich als Teil des Alls verstehen und das Gefühl haben, im großen Spiel des Kosmos mitzuwirken.

Vom Abbau der Grenzen

Der amerikanische Philosoph Ken Wilber ist für mich einer der hilfreichsten Führer bei der Frage, wie wir die Entfremdung von unseren verschütteten Potenzialen auflösen können. In seinem Buch *No Boundaries*, mit dem Deutschen Titel *Wege zum Selbst*, zeigt er, wie der moderne Mensch sich aus seinem „Eingebettet-Sein" ausgegrenzt hat. Vielleicht geht es auf der Ich-Ebene vor allem um die Potenziale der Sinnlichkeit, auf der Ebene des Gesamtorganismus um die Emotionalität und auf der Ebene der bewussten Einheit um die Reintegration der Spiritualität.

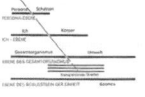

S. 180

Eines der Phänomene der Zeit jenseits der Moderne, das zum Ikon der neuen Zeit wurde, ist die Quantenphysik. Sie wird als „Physik der Beziehungen" bezeichnet und berichtet von der „verborgenen Einheit der Welt". „Die damit begründete Einheit reicht von den Atomen, den ‚unteilbaren Objekten' der Physik, bis zu den Individuen, den ‚unteilbaren Objekten' der Gesellschaft." Ich kann für mein Anliegen das Wort „Physik" durch „Stadt" ersetzen. **Ich schreibe vom neuen Bewusstsein einer „Stadt der Beziehungen", von Stühlen zu Zimmern, von Zimmern zu Häusern, von Häusern zu Baufeldern, von Baufeldern zu Quartieren, von Quartieren zu Städten, von Städten zu Stadtregionen, von Stadtregionen zur globalen Stadt und der Erde.**

Wir haben Grenzen gezogen zwischen dem rationalen und dem spirituellen Bewusstsein, aber auch zwischen Bewusstsein und Körper, genauso wie zwischen unserem Selbst, unserer Stadt und unserer Umwelt. Grenzen sind immer auch Ausgrenzungen. Sie unterscheiden zwischen Eigenem und Fremdem, zwischen Gutem und Bösem, zwischen Vertrautem und Bedrohlichem.

Heute handelt eine der bedeutungsvollsten und intensivsten Ahnungen des Menschen vom Abbau dieser Grenzen. Sie erscheint in der Religion, in der Philosophie, der Medizin, der Physik und im Städtebau. Es geht um das verschüttete Wissen des Menschen, ein spirituelles Wesen zu sein, von seiner Ahnung, Teil von etwas Größerem zu sein; in seinem Körper, seinem Haus, seiner Stadt, der Erde, dem Kosmos oder in einer göttlichen Welt. Diese Ausgrenzung müssen wir in unserer Arbeit und in der Transformation der Städte wieder auflösen. Wir müssen die afrikanischen Jujus und isländischen Elfen nicht in unsere Welt zurückholen. Es sind kulturelle Phänomene lokaler Kulturen, vielleicht auch Manifestationen von lokalen Energien aus der magischen Zeit. Sie stehen aber für ein Weltbild, das in unserer Zeit jenseits der Moderne wieder wichtig wird. Es gilt, uns wieder als Teil der universalen Natur zu verstehen und nicht den Auftrag zu haben, „uns die Erde untertan zu machen".

Indien, Ostern 2010

ZUSAMMENFASSUNG: MENSCHEN WIE HÄUSER, HÄUSER WIE STÄDTE, STÄDTE WIE DIE WELT

Wenn ich ernst nehme, was ich in meinem Leben erfahren habe, stelle ich fest, dass unser Umgang mit der Stadt in der Moderne zu eng geworden ist. Die Bedeutung von viel Wichtigem ist ausgeblendet, unser Bewusstsein auf die Rationalität reduziert. Unsere Städte sind von der Angst vor Emotionalität und Spiritualität, vom Glauben an die exklusive Macht der Wissenschaft und Technik und der daraus resultierenden Kontrollsucht bestimmt. Wir haben auf die Verknüpfung von Architektur und Raumplanung im Städtebau verzichtet, damit wir bei der Gestaltung der Stadt nicht miteinander reden müssen. So sind aggressive, arme und banale Städte entstanden.

Ich habe von Prinzipien berichtet, deren Wahrnehmung in unserer Zeit, bei der Betreuung der Transformation der Stadt hilfreich sein könnten:

- Mensch, Stadt und Erde sind in ihrer Gestalt Ausdruck ihres Wesens, ihrer Befindlichkeit und ihres Seins.
- Mensch, Stadt und Erde sind ein Holon.
- Mensch, Stadt und Erde wirken als polares System.
- Mensch, Stadt und Erde zeigen sich als ein Palimpsest.

Die Integration eines neuen Bewusstseins könnte zu einem veränderten Umgang mit unseren Städten führen. Sinnvollere und schönere Städte würden entstehen. Das ist eine der zentralen Aufgaben unserer Zeit. Darüber müssen wir reden.

1.1

1.2

1.3

Abb. 1.1: Der Indianerhäuptling: eine Kindheit geprägt von der
Erkundung unseres Hauses
Abb. 1.2: Mein Geburtshaus in der Feldeggstrasse in Zürich
Abb. 1.3: Der Kreuzplatz in Zürich, 1904

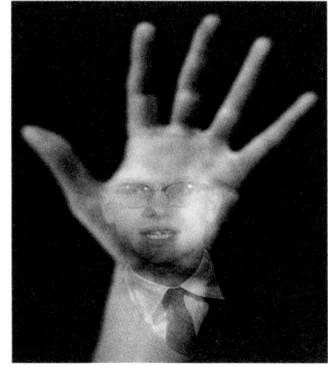

2.1

2.2

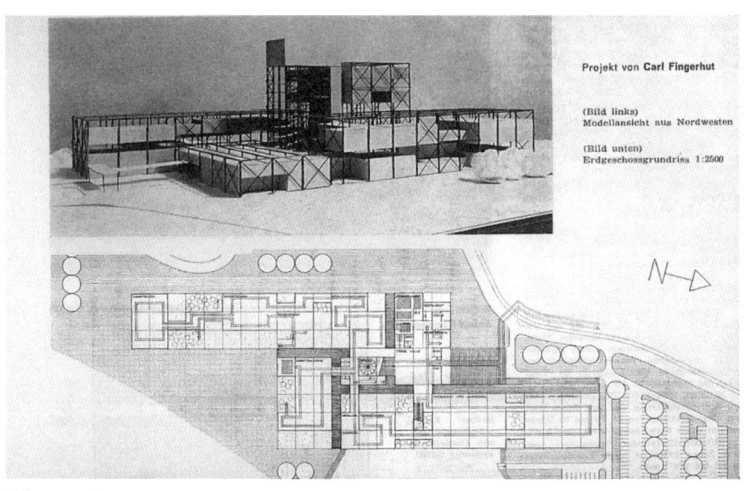

2.3

Abb. 2.1:   Selbstporträt mit Doppelbeleuchtung
Abb. 2.2:   Les Tours de Carouge in Genf
Abb. 2.3:   Meine Diplomarbeit bei Professor Paul Waltenspühl: Eine Struktur aus
            Stahlstützen und flexiblen Containern erlaubte ständige Transformation.

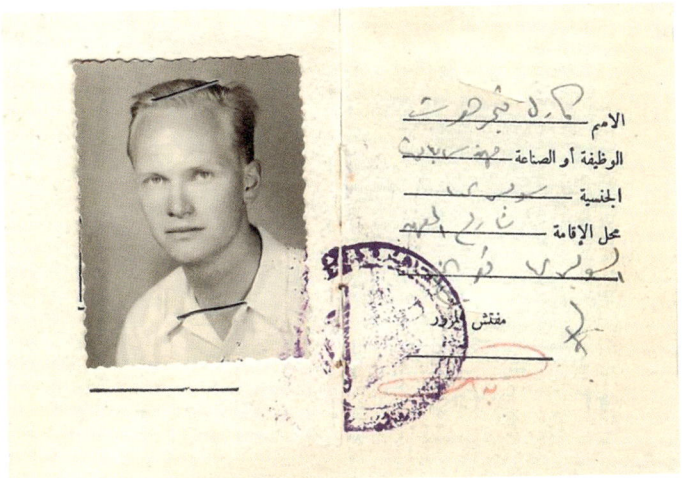

الاسم ‎ـ م ‎. د ‎. شورك
الوظيفة أو الصناعة ‎ـ مهندس كيميائي
الجنسية ‎ـ سويسري
محل الإقامة ‎ـ شارع الجمهورية
‎ـ مفتش المرور

2.4

2.5

Abb. 2.4: Mein ägyptischer Fahrausweis
Abb. 2.5: Wohnbauten der Nubier, die im Aufstau des Nils verschwunden sind   149

2.7

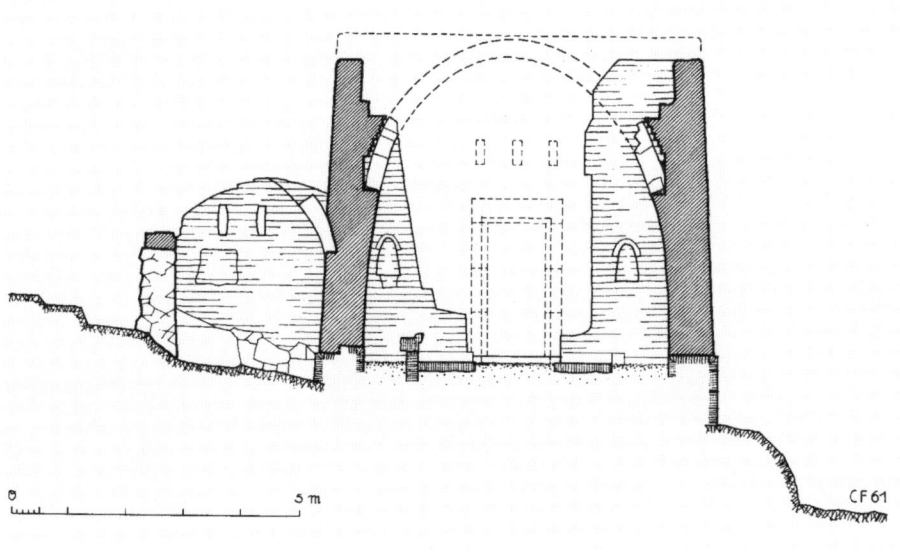

2.6

Abb. 2.6: Das Gewölbe des römischen Mithras-Tempels bei
Bet el-Wali wurde ohne Gerüst gebaut.
Abb. 2.7: Ein gläsernes Trinkgefäß aus römischer Zeit

Abb. 2.8: Noch 2 000 Jahre nach der Errichtung des Mithras-Tempels wurden
Häuser mit der gleichen Konstruktion erbaut.

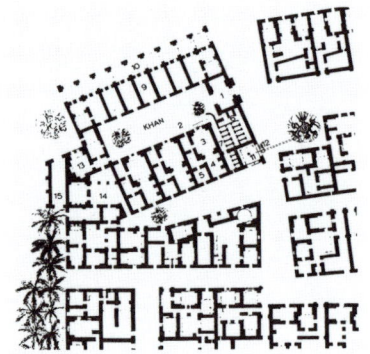

2.9

2.10

2.11

2.12

152

2.13

2.14

Abb. 2.13: Basel: die Häuser, in denen 1460 die erste Universität der Schweiz
untergebracht wurde

Abb. 2.14: Zur Feier des 400-jährigen Bestehens der Universität Basel
erhielten die mittelalterlichen Häuser 1860 eine einheitliche Fassade.

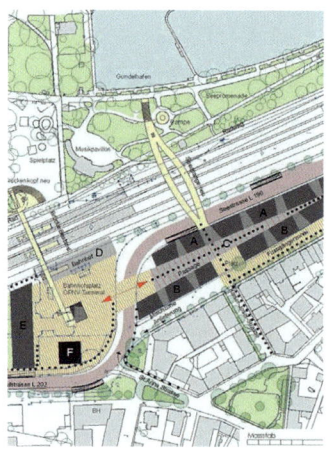

2.15

2.16

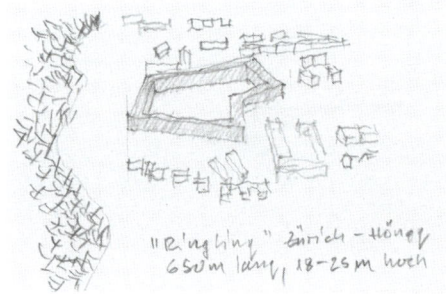

2.17

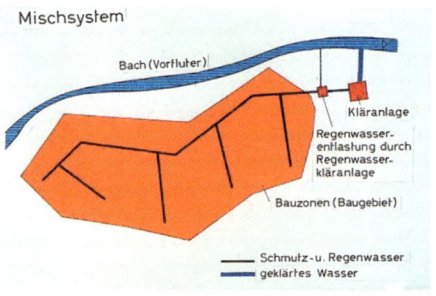

2.18

Abb. 2.15: Das Seestadt-Areal zwischen Altstadt und Bahnhof in Bregenz
Abb. 2.16: Das im ersten Rundgang ausgeschiedene Projekt von
Baumschlager+Eberle, Chipperfield und Roger Diener
Abb. 2.17 Das gescheiterte Projekt „Ringling" in Zürich
Abb. 2.18: 1960 wurde in der Schweiz ein Gesetz zum Schutz der Gewässer
erlassen, demzufolge nicht-landwirtschaftliche Bauten nur noch
innerhalb der Bauzonen bewilligt werden durften.

3.1

3.2

2.3

Abb. 3.1: Regionalplanung Mutschellen und Umgebung. Als Berater von Schweizer Gemeinden und Städten erschloss ich mir den neuen Arbeitsbereich der Raumplanung.

Abb. 3.2: Das Firmenschild des Büros Fingerhuth & Partners in Owerri

Abb. 3.3: Der Chief eines Clans von Owerri mit seiner „offiziellen Frau" – seinem Freund John

3.4

3.5

3.6

3.7

Abb. 3.4: Ein Dorf am Rand von Owerri. Die traditionellen dörflichen Strukturen
        sollten der modernen Stadtplanung weichen.

Abb. 3.5: Ein von der Weltbank finanziertes neues Wohnquartier

Abb. 3.6: Präsentation für die Genehmigung des Masterplans der neuen Hauptstadt
        Owerri mit Gouverneur, Minister und Chef des Stadtplanungsamtes

Abb. 3.7: Besprechung beim Direktor der OCDA (Owerri Capital Development
        Authority). Der Bau der neuen Stadt konnte beginnen.

3.8

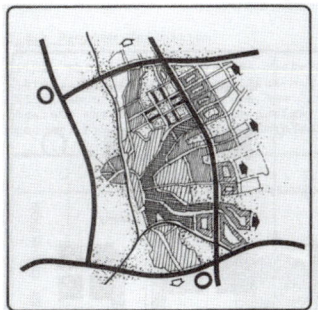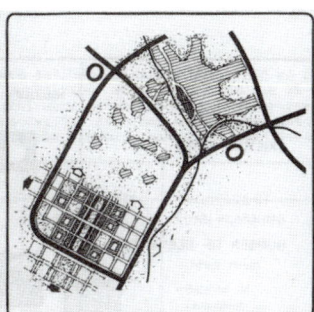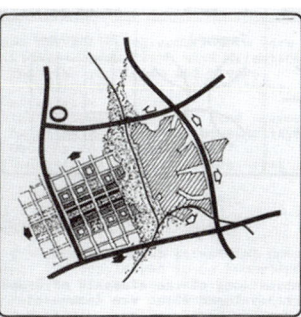

3.9

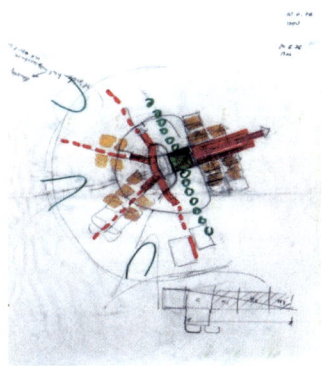

3.10

Abb. 3.8: Das neue Ministerium für Planung und Bau der OCDA. Die Ausrichtung an lokalen Bauformen begeisterte nicht.

Abb. 3.9: Die alte Stadt erweitern – eine neue Stadt bauen – beides zusammenfügen

Abb. 3.10: Vision

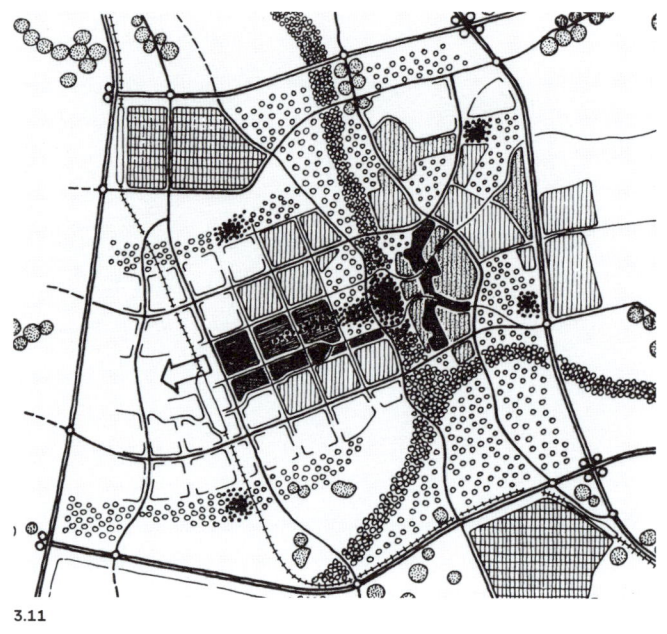

3.11

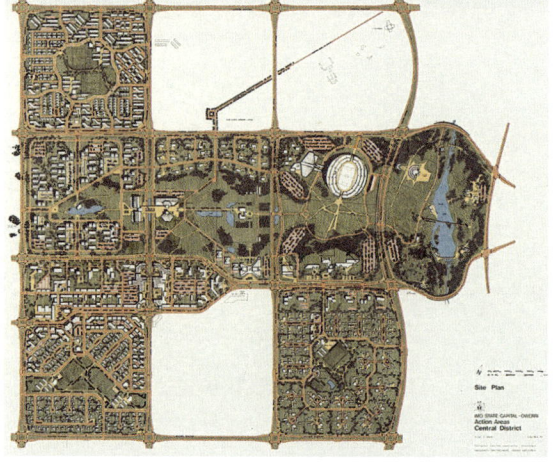

3.12

Abb. 3.11: Raumplanung
Abb. 3.12: Städtebauliches Konzept

158

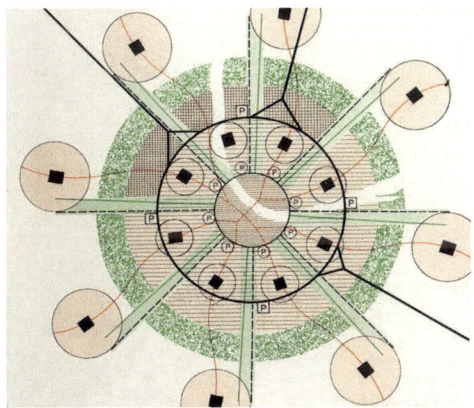

4.1

4.2

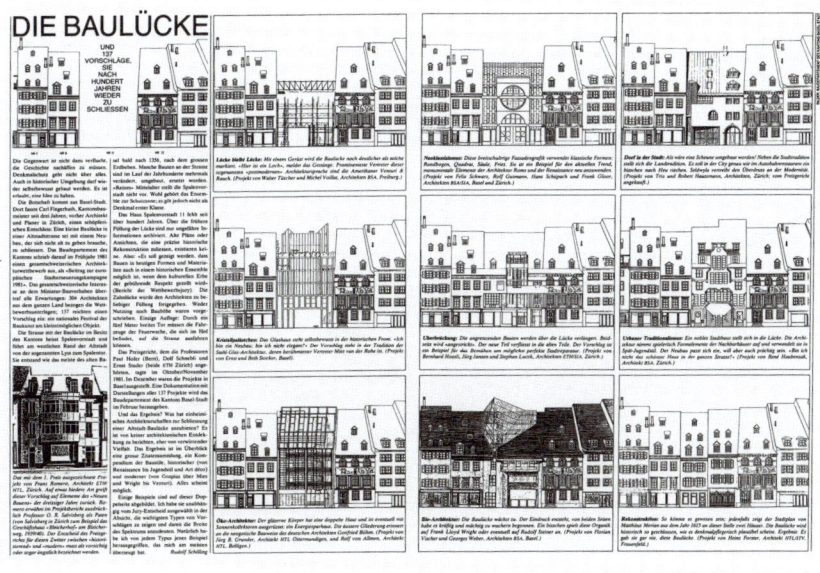

4.3

Abb. 4.1: Der Gesamtplan für das moderne Basel
Abb. 4.2: Wahlplakat 1978
Abb. 4.3: Artikel im Magazin des Züricher *Tagesanzeigers* zum ersten
Baulücken-Wettbewerb

4.4

4.5

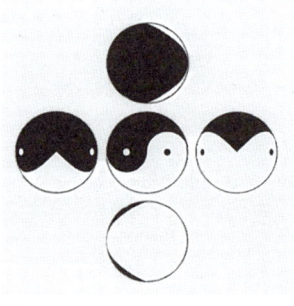

4.6

4.7

Abb. 4.4: Pieter Bruegel d. Ä.: Der Turmbau zu Babel
Abb. 4.5: Pieter Bruegel d. Ä.: Der Kampf zwischen Karneval und Fasten
Abb. 4.6: Das Yin-Yang-Symbol als Kugel
Abb. 4.7: Das Höhlengleichnis von Platon

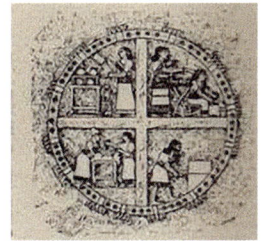

4.8

4.9

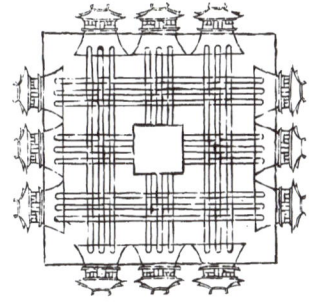

4.10

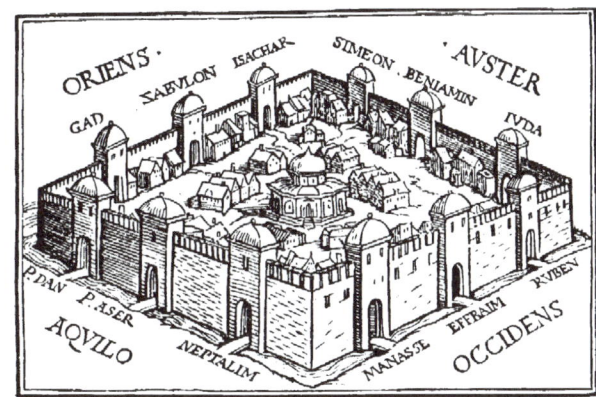

4.11

Abb. 4.8: Ein Kreis überlagert von einem Achsenkreuz: Überall auf der Welt gewann dieses Symbol an Bedeutung. Hier ein befestigtes assyrisches Lager im Palast des Sanherib in Ninive

Abb. 4.9: Die Inselstadt Mexcaltitán de Uribe in Mexiko, möglicherweise die Urheimat der Azteken

Abb. 4.10: Schema der chinesischen Stadt, über Tausende von Jahren unverändert

Abb. 4.11: Jerusalem. Aus dem ursprünglichen Kreis wurde mehr und mehr ein Quadrat (Holzschnitt von H. Holbein).

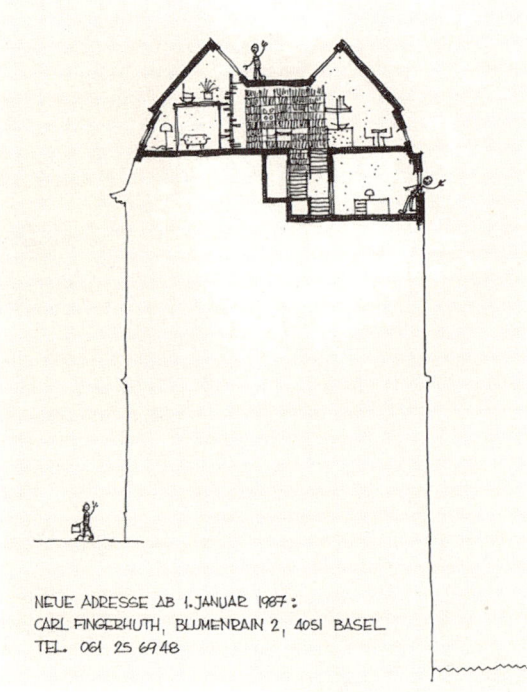

NEUE ADRESSE AB 1. JANUAR 1987:
CARL FINGERHUTH, BLUMENRAIN 2, 4051 BASEL
TEL. 061 25 69 48

4.12

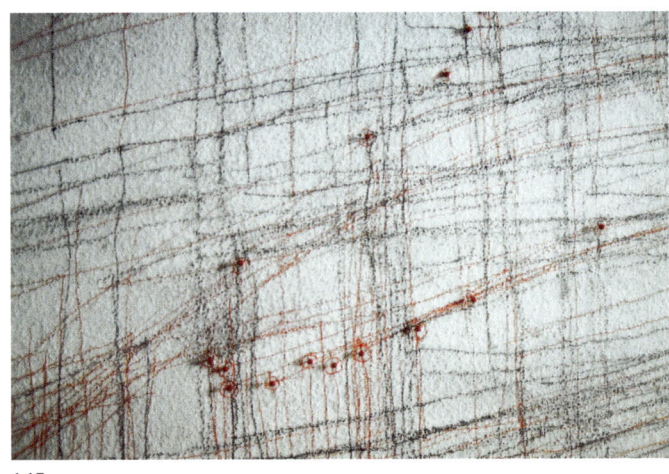

4.13

Abb. 4.12: Die alte Kantonalbank mit meiner neuen Wohnung, im unteren Geschoss
befand sich mein Schlafzimmer.
Abb. 4.13: Die Wanderung des „Lichtfensters" an der Wand meines Schlafzimmers

162

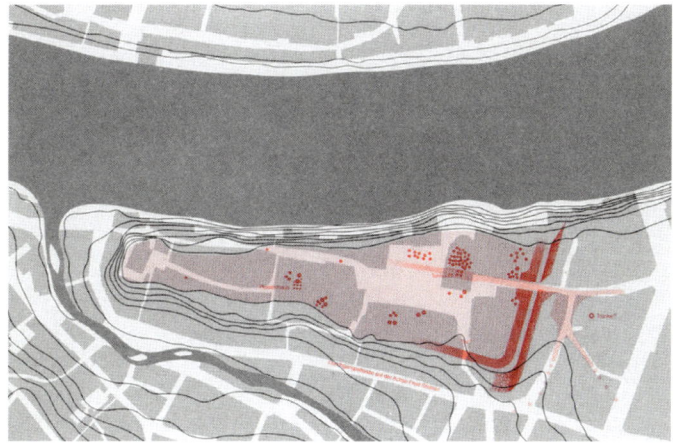

4.14

4.15

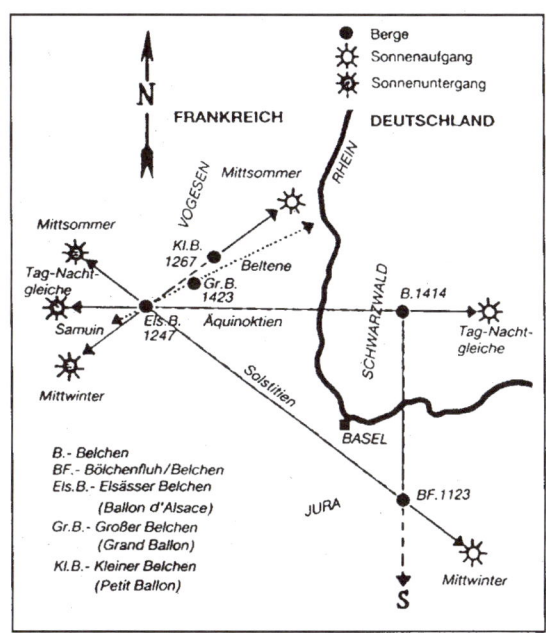

Grundlage des keltischen Visurensystems in der Region Basel ist
der Sonnen-Bezug der drei Belchen. Karte von Andreas Bonert und

4.16

Abb. 4.14: Das um 50 v. Chr. gebaute keltische Oppidum am Rheinknie
Abb. 4.15: Die keltische Straße im Inneren des Basler Münsters
Abb. 4.16: Das rechtwinklige Dreieck der drei Belchen, das Basel umgibt   163

4.17

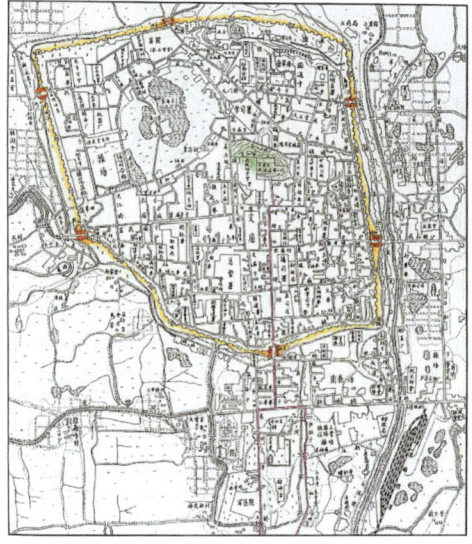

4.18

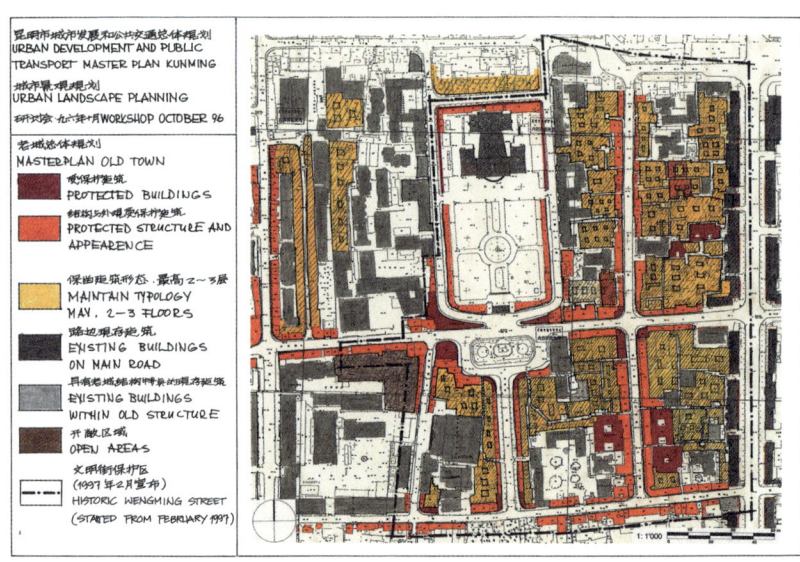

4.19

Abb. 4.17: General Guisan mit seinen Offizieren am 25. Juli 1940 am Rütli
Abb. 4.18: Kunming 1908: gelb die historische Stadtmauer, rot die Stadttore, unten
rechts der soeben fertiggestellte Bahnhof der Eisenbahnlinie von Hanoi
Abb. 4.19: Rot und gelb markiert ist die noch erhaltene historische Bebauung

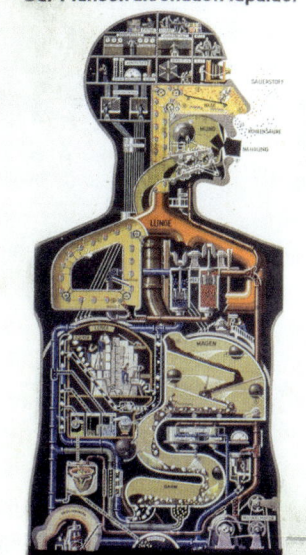

Der Mensch als Industriepalast

4.20

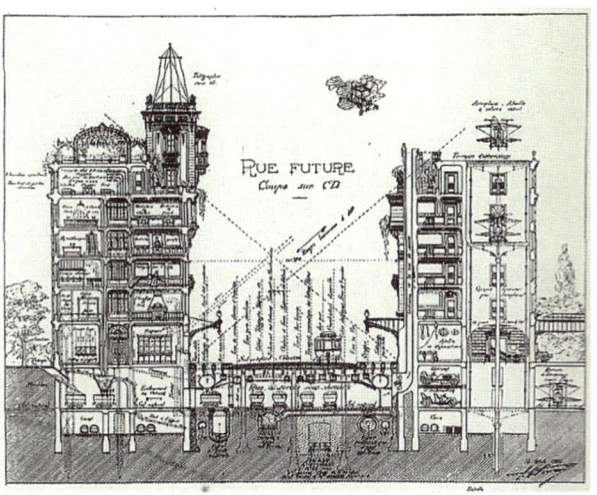

RUE FUTURE

4.21

Abb. 4.20: Der Körper als Maschine (Fritz Kahn)
Abb. 4.21: Und die Stadt als Maschine (Zeichnung von Eugène Hénard, 1911)

Abb. 4.22: Der Rosshof in Basel

Abb. 4.23: Das siegreiche Projekt von Naef, Studer + Studer, Zürich

5.1

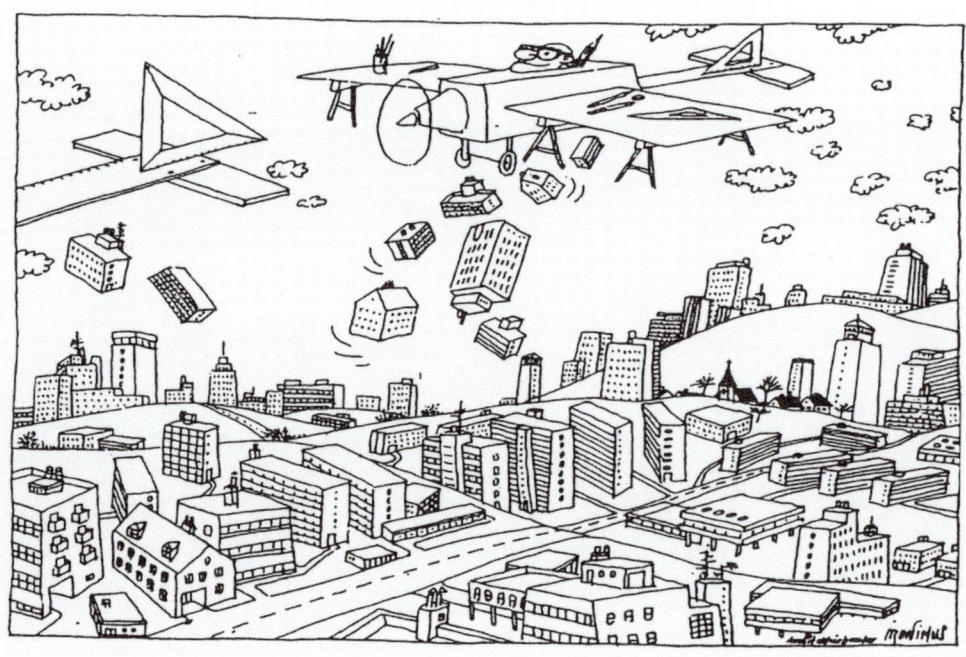

5.2

Abb. 5.1: Unterricht in Genua
Abb. 5.2: Zeichnung von Gustav Peichl, veröffentlicht unter dem
Pseudonym Ironimus

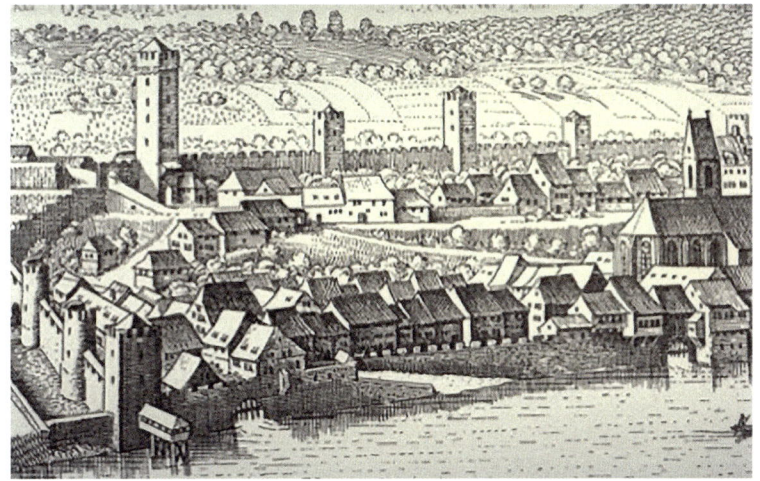

5.3

5.4

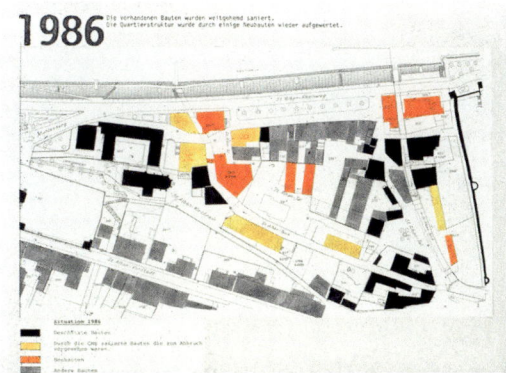

5.5

Abb. 5.3: Basel: Das St. Alban-Tal auf dem Merianplan
Abb. 5.4: Bebauungsplan für das St. Alban-Tal von 1965
Abb. 5.5: Städtebauliches Konzept für das St. Alban-Tal von 1986

169

Abb. 5.6: Kopfbauten am Westkanal, Architekt: Roger Diener, Basel   170

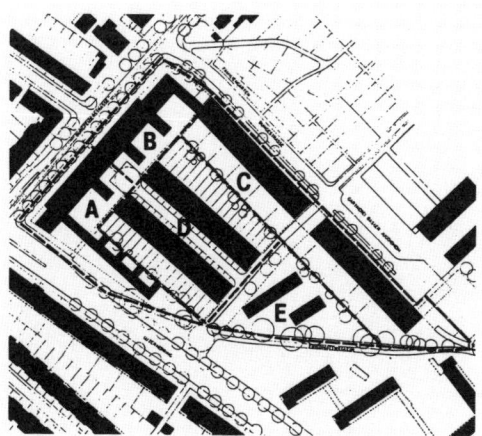

5.7

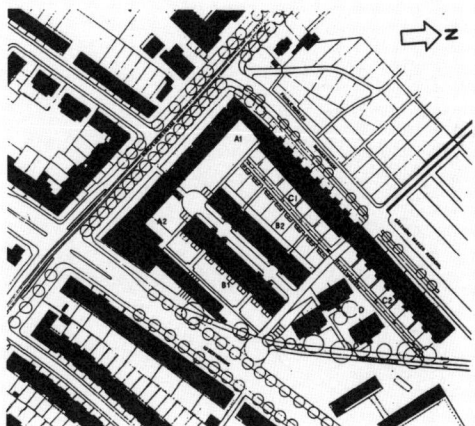

5.8

Abb. 5.7: Das städtebauliche Konzept für das Areal Luzernerring
im Norden von Basel

Abb. 5.8: Die Umsetzung des städtebaulichen Konzepts
über fünf Wettbewerbe

171

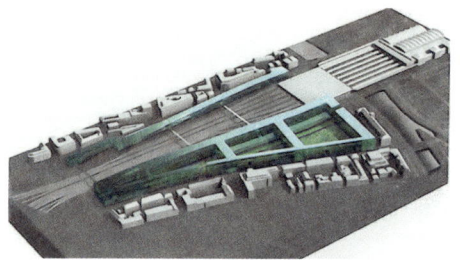

5.9

5.10

5.11

5.12

Abb. 5.9: Der Entwurf des Genfer Büros für den Güterbahnhof in Zürich:
angelehnt an die 1930er-Jahre

Abb. 5.10: Der Entwurf des Zürcher Büros: Erinnerung aus den 1970er-Jahren

Abb. 5.11: Der Entwurf des Büros in Rotterdam: Städtebau für die Stadt
jenseits der Moderne

Abb. 5.12: Projekt für den öffentlichen Raum von Kunming-Nord, 2005,
ausgerichtet an der Feng-Shui-Achse

Abb. 5.13: Umstrittener Neubau im St. Alban-Tal

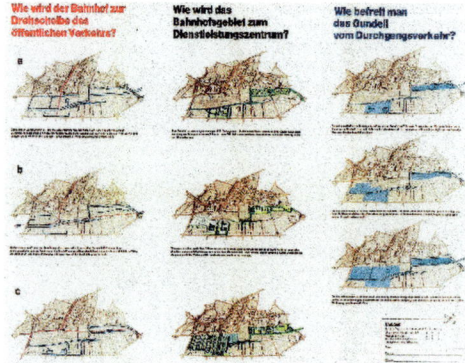

5.14

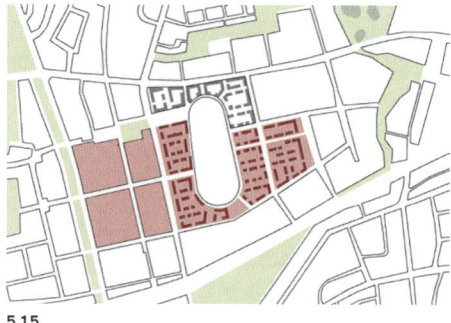

5.15

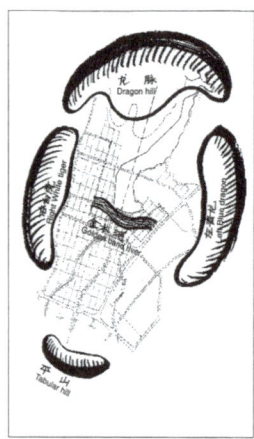

5.16

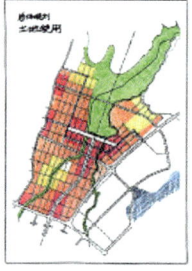

5.17

Abb. 5.14: Kommunikationspolitik bei der Umsetzung des städtebaulichen Konzepts für den Basler Centralbahnhof in der *Basler Zeitung*

Abb. 5.15: Projekt Reicher Haase für die Überbauung der Trabrennbahn in Recklinghausen

Abb. 5.16: Das Feng-Shui als wichtigste Vorgabe für die Stadtplanung

Abb. 5.17: Das neue städtebauliche Konzept für Kunming-Nord

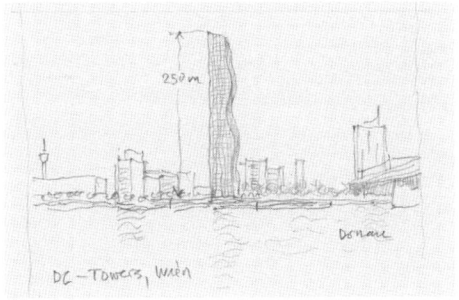

5.18

5.19

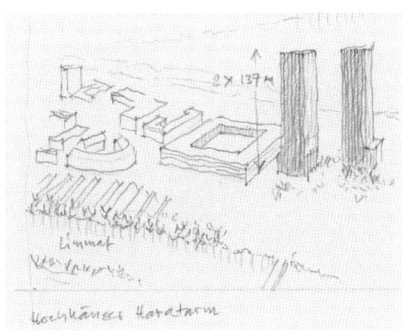

5.20

Abb. 5.18: Das DonauCenter 1 in Wien: „geometrischer Wasserfall"
oder archaische Skulptur?
Abb. 5.19: Das Monster von Vals: Hier soll der höchste Hotelturm Europas entstehen.
Abb. 5.20: Die Monster von Zürich: 137 Meter hoch sind die beiden Türme im
Rahmen des Fußballstadion-Projekts.

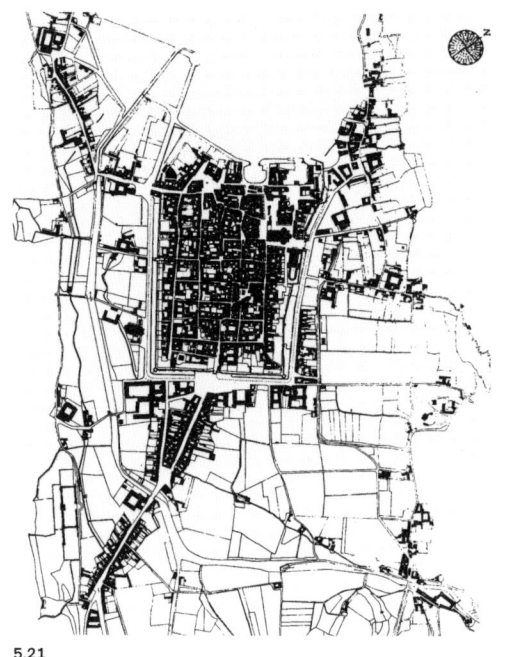

5.21

5.22

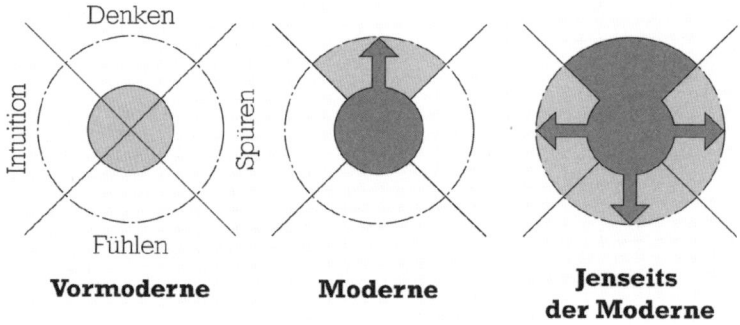

5.23

Abb. 5.21: Das Palimpsest Como nach dem Bau des Bahnhofs der
Bahnlinie Chiasso – Mailand
Abb. 5.22: Die Bank als autistische Sparbüchse: der Neubau der Schweizerischen
Bankgesellschaft in Basel
Abb. 5.23: Reintegration der verschütteten Potenziale

5.24

5.25

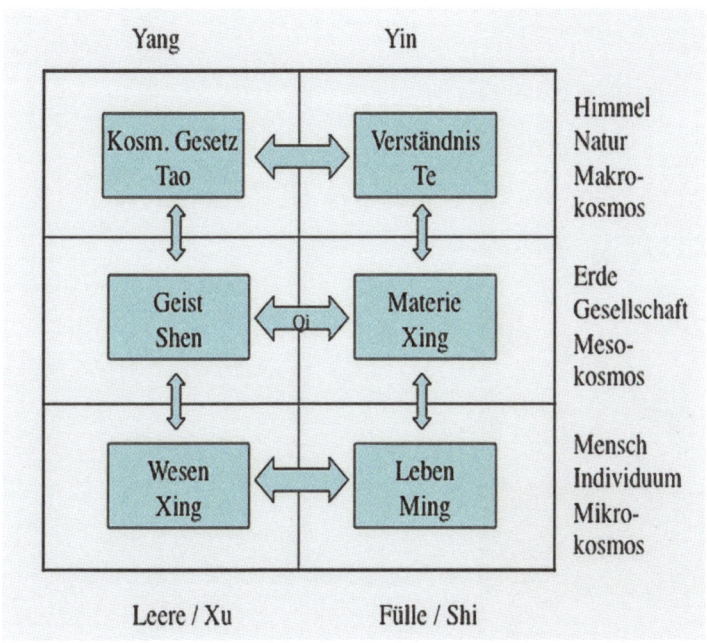

5.26

Abb. 5.24: In der chinesischen Kunst war die Natur das Bedeutungsvolle des Bildes.

Abb. 5.25: An den Wurzeln der westlichen Kunst der Moderne dominierte der individuelle Mensch das Bild.

Abb. 5.26: Die Einheit von Himmel, Erde und Mensch in der Philosophie des Taoismus

5.27

5.28

Abb. 5.27: Die Villa Katsura in Japan: Ohne starre Symmetrie und klare Sichtachsen bleibt der Blick frei.

Abb. 5.28: Friedensreich Hundertwassers Wohnhaus in der Wiener Schlossgasse

5.29

5.30

5.31

Abb. 5.29: Plan des Wohnquartiers Bab Qinasreen in Aleppo: Die zu Clustern
verbundenen Hofhäuser bilden eigene, halb-öffentliche Elemente der Stadt.
Abb. 5.30: Die Einladung zu meinem 80. Geburtstag: „Die fallenden Blätter
(oder Äpfel) kehren zu den Wurzeln des Baumes zurück." (chinesisches
Sprichwort)
Abb. 5.31: 1968 im Nebel auf dem Nil

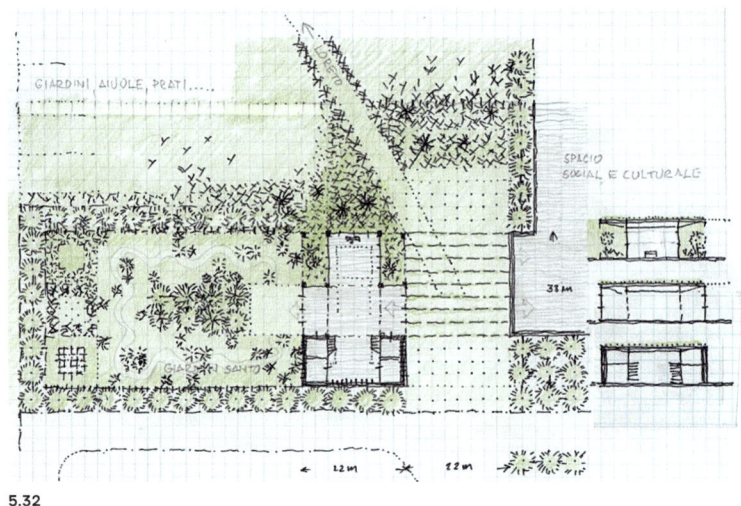

5.32

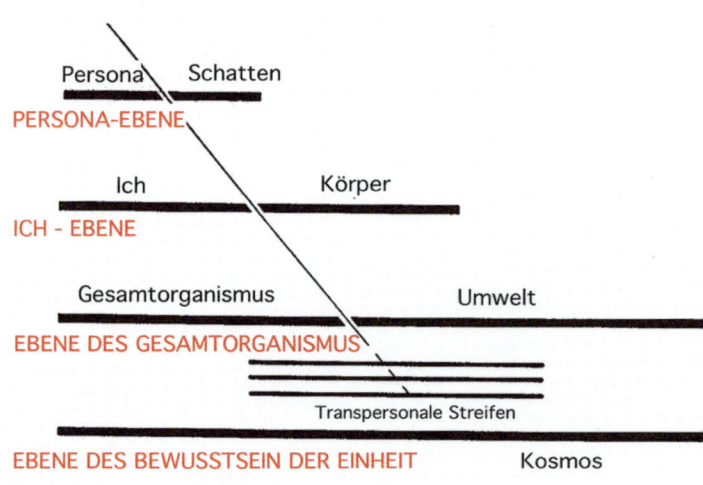

5.33

Abb. 5.32: Eine radikal andere Kirche in Decanati: Meine Skizze war die Grundlage des Studentenentwurfs, mit der Einheit von Haus und Garten und der Verbindungslinie zur Kirche von San Loreto

Abb. 5.33: Ken Wilbers „Wege zum Selbst"

180

Skizzenverzeichnis

Abbildungsnachweis

S. 6	Saul Steinberg, Zeichnung, erschienen im *New Yorker,* 24. April 1965 © The Saul Steinberg Foundation / 2019, ProLitteris, Zurich
Abb. 1.1	Carl Fingerhuth
Abb. 1.2	Carl Fingerhuth
Abb. 2.1	Barbara Kruck
Abb. 2.3	Carl Fingerhuth
Abb. 2.4	Carl Fingerhuth
Abb. 2.5	Carl Fingerhuth
Abb. 2.6	Carl Fingerhuth
Abb. 2.10	Carl Fingerhuth
Abb. 2.11	Richard Weiss
Abb. 2.12	Richard Weiss
Abb. 2.13	Matthäus Merian, Plan von Basel, 1615
Abb. 2.14	Carl Fingerhuth
Abb. 2.15	Bauamt Stadt Bregenz
Abb. 2.16	Bauamt Stadt Bregenz
Abb. 2.17	Carl Fingerhuth
Abb. 3.1	Carl Fingerhuth
Abb. 3.2	Carl Fingerhuth
Abb. 3.3	Dölf Preisig
Abb. 3.5	Carl Fingerhuth
Abb. 3.6	*Daily Star,* Owerri, Nigeria, 10. Dezember 1976
Abb. 3.7	Dölf Preisig
Abb. 3.8	Carl Fingerhuth
Abb. 3.9	Carl Fingerhuth
Abb. 3.10	Carl Fingerhuth
Abb. 3.11	Carl Fingerhuth
Abb. 3.12	Carl Fingerhuth
Abb. 4.1	Carl Fingerhuth
Abb. 4.2	Carl Fingerhuth
Abb. 4.3	*Tagesanzeiger, Das Magazin,* 16. Januar 1962
Abb. 4.4	Pieter Bruegel d. Ä., Turmbau zu Babel, 1563, Kunsthistorisches Museum Wien
Abb. 4.5	Pieter Bruegel d. Ä., Der Kampf zwischen Karneval und Fasten, 1559, Kunsthistorisches Museum Wien
Abb. 4.6	Carl Fingerhuth
Abb. 4.12	Hochbauamt Basel-Stadt
Abb. 4.13	Carl Fingerhuth
Abb. 4.22	Hannes Vogel
Abb. 4.23	Hochbauamt Basel-Stadt
Abb. 5.1	Andreas Wolf
Abb. 5.2	Gustav Peichl
Abb. 5.3	Merian, Matthäus, Plan von Basel, 1615
Abb. 5.4	Hochbauamt Basel-Stadt
Abb. 5.5.	Hochbauamt Basel-Stadt
Abb. 5.6	Carl Fingerhuth
Abb. 5.7	Hochbauamt Basel-Stadt
Abb. 5.8	Hochbauamt Basel-Stadt
Abb. 5.9	Schweizerische Bundesbahnen (SBB)
Abb. 5.10	Schweizerische Bundesbahnen (SBB)
Abb. 5.11	Schweizerische Bundesbahnen (SBB)
Abb. 5.13	Carl Fingerhuth
Abb. 5.14	Sonderbeilage der *Basler Zeitung,* 1984
Abb. 5.15	Stadt Recklinghausen
Abb. 5.18	Carl Fingerhuth
Abb. 5.19	Carl Fingerhuth
Abb. 5.20	Carl Fingerhuth
Abb. 5.22	Carl Fingerhuth
Abb. 5.23	Carl Fingerhuth
Abb. 5.25	Andrea Mantegna, Beweinung Christi, um 1480, Pinacoteca di Brera, Mailand
Abb. 5.26	Carl Fingerhuth
Abb. 5.28	Carl Fingerhuth
Abb. 5.29	Stefano Bianca
Abb. 5.30	Carl Fingerhuth
Abb. 5.31	Carl Fingerhuth
Abb. 5.32	Carl Fingerhuth

Literatur

ARCH+, NR. 231

Bateson, Gregory: *Ökologie des Geistes*, Suhrkamp, Frankfurt, 1990

Bauval, Robert und Graham Hancock: *Keeper of Genesis*, Arrow, London, 1997

Bianca, Stefano: *Urban form in the Arab world*, Thames & Hudson, London, 2000

Campbell, Joseph: *Lebendiger Mythos*, Goldmann, München, 1991

Castaneda, Carlos: *Die Lehren des Don Juan*, Ex Libris, Zürich, 1981

d'Aujourdhui, Rolf: *Belchismus*, unveröffentlichtes Manuskript

Dürrenmatt, Friedrich: *Turmbau, Stoffe IV-IX, Begegnungen*, Diogenes, Zürich, 1990

Eitel, Ernest J.: *Feng-Shui oder die Rudimente der Naturwissenschaft in China*, Felicitas-Hübner, Waldeck-Dehringhausen, 1983

Eitel, Ernest J.: *Feng-shui: or, The rudiments of natural science in China*, Lane, Crawford & Co, Hongkong, 1873

ETH Studio Basel: *Die Schweiz, ein städtebauliches Portrait*, Birkhäuser, Basel, 2006

Fingerhuth, Carl: „Über den urbanen Raum zur Konvergenz von Osten und Westen", in: Jürgen Krusche (Hrsg.): *Der Raum der Stadt, Raumtheorien zwischen Architektur, Soziologie, Kunst und Philosophie in Japan und im Westen*, Jonas, Marburg, 2008

Fingerhuth, Carl: *Learning from China – Das Tao der Stadt*, Birkhäuser, Basel, 2004

Fingerhuth, Carl: Nachwort zu Ebenezer Howard: *Gartenstädte von morgen*, Bauwelt Fundamente 21, Birkhäuser, Basel, 2015

Fingerhuth, Carl: *Städtebau als Lehrfach, A. H. Steiner als Professor an der ETH Zürich*, gta Verlag, Zürich, 2001

Gebser, Jean: *Ursprung und Gegenwart*, dtv, München, 1973

Geiser, Reto und Martino Stierli: *Im Gespräch. 8 Positionen zur Schweizer Architektur*, Standpunkte, Zürich, 2014

Gerster, Georg: *Nubien, Goldland am Nil*, Artemis, Zürich, 1964

Görnitz, Thomas: *Quanten sind anders*, Spektrum, Heidelberg, 2008

Hochparterre, 10/16

Hugo, Victor: *Notre-Dame of Paris, Œuvres complètes de Victor Hugo*, Albin Michel-Ollendorf, Paris, 1904

Hundertwasser, Friedensreich: *Hundertwasser Architektur. Für ein natur- und menschengerechteres Bauen*, Taschen, Köln, 2006

Isozaki, Arata: *Katsura*, Belser Verlag, Stuttgart, 1987

Jaffé, Aniela: *Erinnerungen, Träume, Gedanken von C.G. Jung*, Walter, Zürich und Düsseldorf, 1999

Jäger, Willigis: *Die Welle ist das Meer. Mystische Spiritualität*, Herder, Freiburg, 2000

Jung, C. G.: *Erinnerungen, Träume, Gedanken*, Ex Libris, Zürich, 1962

Keller, Rolf: *Bauen als Umweltzerstörung*, Verlag für Architektur Artemis, Zürich, 1973

Kreis, Georg: *Mythos Rütli, Geschichte eines Erinnerungsortes*, Orell Füssli, Zürich, 2004

Kuhn, Thomas: *Die Struktur wissenschaftlicher Revolutionen*, Suhrkamp, Frankfurt/Main, 1967

LaChapelle, Dolores: *Weisheit der Erde*, Neue Erde, Saarbrücken, 1978

Lampugnani, Vittorio, in: *Basler Zeitung*, 20. Juli 1996

Lyotard, Jean-François: *La Condition Postmoderne*, Paris, 1994

Malek, Roman: *Das Tao des Himmels*, Herder, Freiburg, 1996

Müller, Kuno: *Luzerner Sagen*, Haag, Hanau, 1994

Neue Zürcher Zeitung, 29. Juni 2004

Neue Zürcher Zeitung, 11. Juni 2016

Nietzsche, Friedrich: *Die Geburt der Tragödie aus dem Geiste der Musik*, Fritzsch, Leipzig, 1872

Paris, Daniel: „Das Erbe der Kelten", in: *Spuren*, 120/Sommer 2016

Pogacnik, Marko: *Die Schule der Geomantie*, Knaur, München, 1996

Renner, Eduard: *Goldener Ring über Uri*, Mühlrad, Neuenburg, 1954

Ricke, Herbert: *Ausgrabungen von Khor-Dehmit bis Bet el-Wali. Mit Beiträgen von C. Fingerhuth, L. Habachi und L. V. Žabkar*, University of Chicago Press, Chicago/Il, 1967

Rowe, Colin und Fred Koetter: *Collage City*, Birkhäuser, Basel, 1984

Rucker, Rudy: *Die Wunderwelt der vierten Dimension*, Scherz, München, 1987

Schatz, Gottfried, in: *Neue Zürcher Zeitung*, 28. Dezember 2006

Schinz, Albert: *The Magic Square*, Axel Menges, Stuttgart, 1996

Sheldrake, Rupert: *Das schöpferische Universum – Die Theorie des morphogenetischen Feldes*, Goldmann, München, 1984

Sheldrake, Rupert: *Die Wiedergeburt der Natur*, Rowohlt, Reinbeck, 1991

Siebel, Walter, in: *Der Architekt*, 6/14

Snozzi, Luigi: „Rivista Technica", in: *Lugano*, 3/90

Straumann, Agathe: *Kunst für Basel*, Schwabe, Basel, 1994

Tanizaki Jun'ichiro: *Lob des Schattens, Entwurf einer japanischen Ästhetik*, Manesse, Zürich, 1987

Vogel, Hannes: *Der Rosshof-Hof*, Kunsthalle Basel, Basel, 1988

Vouga, Jean-Pierre: *Les Helvètes au Grütli*, L'Aire, Lausanne, 1988

Watsuji, Tetsurō: *Fudo – Wind und Erde*, Wissenschaftliche Buchgesellschaft, Darmstadt, 1997

Weiss, Richard: *Häuser und Landschaften der Schweiz*, Eugen Rentsch, Erlenbach, 1959

Wilber, Ken: *Wege zum Selbst. Östliche und westliche Ansätze zu persönlichem Wachstum*, Wilhelm Goldmann Verlag, München, 2008

Wilhelm, Richard und C. G. Jung: *Das Geheimnis der Goldenen Blüte*, Diederich, München, 1986

Yeats, William Butler, *Das Zweite Kommen* (1919)

Ortsregister

Namensregister

Dank

Ich danke Annette Gref und ihren Mitarbeitern vom Birkhäuser Verlag für die kreative Unterstützung bei der Entstehung dieses Buches. Ohne sie wäre es ein langweiliges Buch geblieben.

Autor

Carl Fingerhuth ist 1936 in Zürich geboren.

Seit dem Abschluss seines Architekturstudiums an der ETH-Zürich hat er sich mit der Stadt beschäftigt: Zuerst als Archäologe in Ägypten, dann mit einem eigenen Büro für Städtebau und Raumplanung in Zürich. Von 1978 bis 1992 war er Kantonsbaumeister von Basel. Seither arbeitet er wieder selbstständig als Experte. In dieser Rolle hat er Projekte in Europa, Afrika und Asien betreut und Städte bei ihrer Transformation unterstützt.

An Universitäten in der Schweiz, in Amerika, Frankreich, Italien und Deutschland hat er Städtebau unterrichtet. Er ist Honorarprofessor der Technischen Universität Darmstadt.

Carl Fingerhuth ist vor allem an der Gestalt der Stadt jenseits der Moderne interessiert und hat zu diesem Thema in Zeitschriften und Büchern publiziert.

Impressum

Konzept:
Annette Gref

Lektorat:
Annette Gref, Silke Martini

Projektkoordination:
Silke Martini

Herstellung:
Bettina Chang

Gestaltungskonzept:
Neeser & Müller GmbH, Basel

Papier:
Amber Graphic, 140 g/m2

Lithographie:
bildpunkt Druckvorstufen GmbH, Berlin

Druck:
Kösel GmbH & Co. KG, Altusried-Krugzell

Library of Congress Control Number: 2019930862

Bibliografische Information der Deutschen Nationalbibliothek
Die Deutsche Nationalbibliothek verzeichnet diese Publikation in der Deutschen Nationalbiblio-
grafie; detaillierte bibliografische Daten sind im Internet über http://dnb.dnb.de abrufbar.

ISBN 978-3-0356-1813-6

e-ISBN (PDF) 978-3-0356-1819-8

e-ISBN (EPUB) 978-3-0356-1821-1

© 2019 Birkhäuser Verlag GmbH, Basel
Postfach 44, 4009 Basel, Schweiz
Ein Unternehmen der Walter de Gruyter GmbH, Berlin/Boston

9 8 7 6 5 4 3 2 1   www.birkhauser.com